W0363957

LE BONHEUR N'EST PLUS DANS LA CLASSE !

DU MÊME AUTEUR

ÉDITIONS AUBÉRON

Les Collines de la Canteloube

Le Chemin des cablacères

Les Peupliers du désert

Les Ombres du canal

ÉDITIONS ALAN SUTTON

Aiguillon
(collection « Mémoire en images »)

Buzet, terroir de vignes
(collection « Parcours et labeurs »)

ALAIN PARAILLOUS

LE BONHEUR N'EST PLUS DANS LA CLASSE !

Aubéron

© Éditions Aubéron, 2004.
ISBN 2-84498-064-3

L'abominable sérieux de mes contemporains, particulièrement de ceux qui se disaient progressistes, m'avait amené, par réaction, à prendre légèrement les choses, et à les tourner parfois en dérision... Avec une gaillardise affectée et un certain mauvais goût, je le reconnais.

Jean ANOUILH

I

Tu seras professeur, mon fils

« Paul, il faut que tu ailles chez le coiffeur, tu as les cheveux longs comme un poète ! »

À peine fus-je en mesure de comprendre les mots, que j'entendis ma mère me répéter cette phrase quasi mensuellement. Elle s'incrusta dans mon esprit au point d'y provoquer une confusion fâcheuse lorsque j'atteignis l'âge de fréquenter l'école primaire :

« Comment appelle-t-on les gens qui vivent dans des roulottes, ne séjournent jamais au même endroit, et fabriquent des corbeilles en osier ? » demanda un jour l'instituteur.

Notre village se trouvant à l'écart des grands axes routiers, aucun écolier de la classe n'avait entendu parler des gens du voyage.

Le maître insista :

« Voyons, réfléchissez, ils sont souvent mal rasés, ils portent les cheveux longs... »

Ce détail provoqua le déclic : les cheveux longs ! Bon sang mais c'est bien sûr !... Je levai le doigt :

« Des poètes ! »

Le maître ne décela aucun rapport entre les familiers des muses et la question posée. Il prit un air meurtri. Le cancre de la classe lui-même n'aurait pas donné une réponse aussi stupide.

Je n'osai insister, lui dire que ma mère, pourtant... Mais à cette époque, le maître d'école était un dieu tout-puissant auquel on se gardait bien de répliquer.

Quand il nous eut enfin livré la clé de l'énigme, puis montré des images, je fus contraint de reconnaître que les poètes n'étaient pas les seuls à se laisser pousser la chevelure au-delà du raisonnable.

Et de ce jour, je compris quelle pouvait être la force d'une comparaison.

Or la comparaison est au seuil de la métaphore, laquelle est à la littérature ce que la vigne est au vin. L'une engendre l'autre. Sans métaphore, point de poème, ni même de prose tant soit peu lyrique. Si les poètes n'avaient pas l'exclusivité des cheveux longs, ils détenaient du moins le quasi-monopole de la métaphore.

J'entrevis là un filon à creuser. Mes devoirs se truffèrent de comparaisons : « La négresse était noire comme un toupin, mais elle avait les dents blanches comme un drap de lit propre »... Puis, dès mon entrée au collège, je passai à l'échelon supérieur en me lançant dans la métaphore : « l'ardente flamme du soleil », « la scie infatigable des cigales »...

Mes maîtres en déduisirent que, malgré mes tares en mathématiques, j'étais doué pour entreprendre, le jour venu, des études supérieures.

Ça tombait bien, ma mère souhaitait justement que je devienne professeur, ou notaire. Professeur comme M. Lugambert, qui exerçait ses fonctions au lycée de Lectoure et que nous rencontrions le dimanche à la messe. Il se rendait à l'office avec sa femme, sa fille et sa 403 noire. Quoiqu'il laissât celle-ci à l'entrée de l'église, elle était aussi connue dans le voisinage que son costume en alpaga sombre et sa cravate violette dont il ne se séparait, selon toute apparence, qu'au moment de se coucher. En effet, le soir, au retour du lycée, ou au milieu de l'après-midi pendant les vacances, il se promenait dans les rues du village sans jamais se départir de sa panoplie. L'austérité de sa tenue vestimentaire en harmonie avec la couleur de sa voiture, et sa cravate assortie à la rosette des palmes académiques arborée sur le revers de sa veste, faisaient de lui un homme unanimement respecté.

Chez les paysans, dont nous étions, la tenue endimanchée a son importance. Ma mère et ma grand-mère achetaient un chapeau neuf pour la cérémonie de la Toussaint, un tailleur tous les deux ans au moment des fêtes pascales, et mon père lui-même n'aurait pas imaginé de se rendre à la messe en tenue négligée. Un homme qui, comme M. Lugambert, portait chaque jour des habits que nous réservions aux dimanches, aux cérémonies religieuses, aux mariages et aux enterrements, était forcément envié. Ma mère rêvait, pour moi, lorsque je serais devenu grand, d'une considération aussi flatteuse :

« Tu seras professeur, mon fils ! »

À la vérité, elle hésitait entre le professorat et une autre fonction qui lui paraissait représenter le nec plus ultra de l'échelle sociale : le métier de notaire. Un paysan a souvent affaire, au cours de son existence, à cette personnalité inséparable de la vie d'un village. D'abord quand il hérite de ses parents, puis lorsqu'il se marie et que doivent être précisés sur contrat les apports respectifs des conjoints, et enfin à l'heure où vient son tour de rédiger son testament. Sans parler de l'acquisition d'autres terres, de la vente d'une parcelle éloignée, d'un échange à réaliser entre voisins. Pour tout cela, l'homme qui détient la science et connaît les itinéraires subtils du labyrinthe juridique, c'est le notaire.

Ah oui, notaire, voilà une profession qui fit longtemps rêver ma mère ! Plus encore peut-être que le métier de professeur. Malheureusement, le nôtre, maître Assuérus, s'était lancé dans des affaires immobilières douteuses, et n'avait échappé à la prison qu'en s'exilant de toute urgence sur un îlot des Caraïbes. Ce fut le notaire d'une localité voisine qui assura l'intérim avant que, quelques années plus tard, un autre s'installe chez nous. L'opprobre qui s'était abattu sur maître Assuérus, malgré son patronyme racinien, insinua la suspicion dans l'esprit de ma mère. L'auréole notariale prit du vert-de-gris, et le métier de tabellion lui parut, pour un temps, moins enviable.

De mon côté, la métaphore continuait à prospérer. L'instituteur y joignit les charmes de l'allitération :

On voit tout le temps, en automne,
Quelque chose qui vous étonne.

« Observez, mes enfants, comme la répétition de la consonne “t” accentue le rythme du vers et suggère l’image de la chute des feuilles. »

Au collège, un de mes professeurs de français me fit entrer dans la musique somptueuse des allitérations baudelairiennes :

Valse mélancolique et langoureux vertige...

Dans une rédaction où l’on me demandait de parler du métier que j’exercerais plus tard, je n’hésitai pas : je serais professeur. De lettres, bien entendu. Pour l’amour des métaphores et des allitérations. Cela aurait pu ravir mon correcteur si, quelque diable me poussant, je n’avais ajouté : « Parce que c’est un métier où l’on ne travaille que deux ou trois heures par jour. » Ce qui me valut une sale note et une réputation durable de mauvais esprit.

Le bon Dieu m’a puni (comme disait ma mère): d’abord parce que je suis effectivement devenu professeur, ensuite parce que, malgré tout, même si on prend en compte nos vacances si hargneusement décriées, le métier réclame, en dépit des médisants, quelques heures de plus.

Donc, ma mère dut se faire à l’idée que je ne serais pas notaire, mais professeur comme M. Lugambert. Elle s’en consola lorsque le successeur de maître Assuérus prit enfin ses fonctions au village. C’était un jeunot de vingt-quatre ans, soit tout juste dix de plus que moi, et, comme on dit chez les fonctionnaires, il n'était pas près de libérer le poste pour que je puisse occuper sa place.

Je me consolai à mon tour de la déception de ma mère en me rendant compte que j'avais plus de goût pour la métaphore que pour le codicille, que la saveur d'une litote me mettait plus en émoi que la lecture d'un bail emphytéotique, bref, que mes chromosomes m'inclinaient davantage vers les lettres flamboyantes que sur le droit rigide et austère.

Mon diplôme de professeur en poche, je subis quelque temps l'épreuve de l'exil, ainsi qu'il est d'usage chez tous les nouveaux enseignants. C'est le syndrome de Rastignac, pour qui la réussite sociale passait par la conquête de Paris. Les pères fondateurs de la République (la vraie, celle de tous les espoirs et de toutes les illusions, la IIIe) avaient sans doute lu Balzac, car ils décidèrent que les jeunes fonctionnaires frais émoulus devraient accompagner leur promotion sociale d'une ascension géographique. Soit dit en passant, je n'ai jamais su comment la République (même la Ve) s'est débrouillée pour faire monter plus haut ceux de Lille ou de Dunkerque.

Moi qui venais de Gascogne, je fus envoyé à Bressuire, aux confins du Poitou et de la Vendée. Une ville au passé tourmenté. Pendant la Révolution, les habitants avaient massivement choisi de montrer leur hostilité au gouvernement de l'époque en imitant le cri de la chouette. À vrai dire, ils adjoignirent aussi quelques procédés moins pacifiques dans le dessein non dissimulé de manifester leur désapprobation. Résultat, la République (la Ire) leur envoya Carnot, Turreau, Hugo (le père), et beaucoup de bobos. Avec leurs « colonnes infernales », ils empoisonnèrent les puits, brûlèrent les moulins, et égorgèrent les habitants de ces contrées obscurantistes ennemies du progrès. Quand un historien s'avisa d'établir l'inventaire des rescapés, il découvrit ce chiffre hallucinant :

Bressuire : 1.

L'histoire ne dit pas si cet unique survivant était un mâle ou une femelle, mais il a dû, après la catastrophe, trouver chaussure à son pied (va pour la métaphore...), car depuis, la cité s'est reconstituée, a construit des écoles et même un collège. Il est vrai qu'en bons catholiques, ces chouans ont appliqué à la lettre les consignes du Créateur, et que les familles de six ou huit enfants n'y étaient pas rares.

C'est là que j'ai trouvé Gisèle, dans une famille de braves paysans du cru. (Pourquoi dit-on toujours « de braves paysans » et jamais « de braves professeurs » ?) Elle était l'aînée d'une couvée de sept. Un de ses petits frères se trouvait dans ma classe, et j'avais connu Gisèle à l'occasion d'une de ces réunions parents-profs qui commencent après les cours à 17 heures, s'achèvent quand tout va bien vers les 22 heures, et qui font partie des charmes de notre métier :

« Enfin, M. Miradou, pourquoi ma fille ne réussit-elle pas mieux en français ? »

Parole d'honneur, en un quart de siècle (et plus) de carrière, jamais je n'ai craqué en répondant :

« Étant donné votre Q.I. de bigorneau, madame, estimez-vous heureuse que votre fille ne soit pas plus sotte qu'elle n'est. »

Non, jamais je n'ai dit ça, même si cent fois la réponse m'a brûlé les lèvres et la langue.

Avec Gisèle, d'ailleurs, le dilemme ne s'était pas présenté. Dans cette famille ultra-catholique du Poitou, les enfants étaient des progénitures laborieuses, bien tenues en laisse, élevées entre le coq et la pendule comme dans la chanson, et leur scolarité se déroulait sans problèmes. Les parents étaient tellement occupés à la ferme qu'ils déléguaient leur aînée aux délices de ces mondanités éducatives.

Cependant, à force de servir de seconde mère à toute la portée, Gisèle en a eu tellement ras la quichenotte qu'elle m'a annoncé la couleur dès qu'il a été question de convoler ensemble :

« Je te préviens, Paul, je ne veux pas d'enfants. Jusqu'à vingt ans, avec mes frères et mes sœurs, j'ai assez donné. »

Gisèle avait la manie de l'exagération. En fait, elle s'était accordé une pause à dix-huit pour aller suivre des cours de droit à la faculté de Poitiers, et elle en était revenue deux ans plus tard munie d'un petit diplôme qui lui avait permis de trouver un emploi de clerc de notaire à Bressuire. Mais en fille scrupuleuse, elle était retournée habiter chez ses parents, avait continué à seconder sa mère dans les corvées d'élevage, et c'est ce qui m'avait valu de faire sa connaissance, un soir d'automne, au collège de Bressuire où j'étais rentré trois mois plus tôt.

Qui sait quel remords obscur de n'avoir pas suivi le vœu premier de ma mère m'avait poussé vers Gisèle ? Était-ce plutôt le vent de l'océan tout proche qui glaçait mes nuits languissantes en s'engouffrant dans les rues de la cité ? Réveillait-il les spectres de 93 dont les sabbats nocturnes venaient pendant mes rêves me chatouiller les pieds ? C'est vrai qu'après plusieurs mois d'exil vendéen, une présence féminine me parut de nature à adoucir ma solitude.

On s'est mariés l'été d'après. J'avais mis les bouchées doubles pour précipiter les épousailles. Bien que mai 68 eût récemment secoué les mœurs, les parents de Gisèle ne nous donnèrent l'autorisation de nous mettre en ménage qu'après avoir sacrifié aux usages traditionnels.

II

La terre était encore mouillée et molle du déluge

Nous étions mariés, Gisèle et moi, depuis moins d'un an, lorsqu'une lettre d'un syndicat minoritaire qui faisait de la retape me prévint que j'avais obtenu ma mutation à Vignerols.

Vignerols, c'est mon village, en Gascogne. Malgré ses 1 593 habitants, ce modeste chef-lieu de canton possède un collège-lycée où j'avais effectué mes études secondaires quelques années plus tôt. Je rentrai donc au bercail. Mes parents, petits vignerons dont j'étais le fils unique, étaient aux anges. Gisèle, qui ne vouait pas une passion excessive à sa Vendée natale, me suivit sans opposer d'objections. Le notaire de Vignerols cherchait un clerc, elle fut embauchée.

À deux cents mètres de leur maison, qui porte le joli nom de Quinarit, mes parents possédaient une métairie, au lieu-dit La Baquère. Ils y avaient logé leur domestique, Georges, jusqu'à ce que celui-ci ne quitte les lieux pour se faire construire une villa sur un terrain que lui avait cédé mon père, en bordure du village. De ce fait, la vieille métairie était inoccupée, mais habitable, et nous

nous y installâmes, Gisèle et moi, bien décidés à mener là toute une vie de bonheur. Une vie tranquille de petits salariés, coqs en pâte, à quelques pas de chez mon père et ma mère.

C'était épatant pour donner un coup de main à la propriété, pendant mes loisirs. Il faut dire qu'une folie était passée par la tête de mon père. À la cinquantaine bien entamée, il avait décidé de refaire son petit vignoble de huit hectares, jusque-là voué à la production d'armagnac. Mais les campagnes anti-alcooliques, le risque de souffler dans un ballon au bord des routes, avaient fait baisser la consommation de digestifs, et la dégringolade des cours commençait à s'amorcer. Seuls les grands crus tiraient encore leur épingle du jeu, et la petite propriété de mon père, aux confins du Gers et du Lot-et-Garonne, à l'écart des zones d'appellation les plus prestigieuses, ne pouvait sérieusement rêver de lendemains qui chantent.

Aussi mon père décida-t-il d'arracher d'un coup ses huit hectares de folleblanche destinés à la distillation, et de planter à leur place du colombard, un cépage à vin blanc qui avait fait ses preuves en Alsace ainsi que dans quelques autres coins de l'Hexagone.

« Vois-tu, Paul, m'avait-il expliqué, on boit plus facilement un apéritif, peu chargé en alcool, quand le repas est devant soi, qu'un digestif à la fin. »

Contrairement à ce que disait La Fontaine, il faut en toute chose considérer le commencement. Un élève est plus réceptif au début d'un cours qu'au bout de trois quarts d'heure d'écoute, et il vaut mieux essayer de lui apprendre quelque chose le matin que l'après-midi. De même, un client est plus facile à ferrer lorsqu'il s'installe à table, avec son menu à la main, qu'au moment où, repu et guettant l'addition dans la sous-tasse, il s'apprête à s'en aller.

L'argument de mon père ne manquait pas de bon sens.

À propos de bon sens, on pourra s'étonner qu'une agglomération aussi modeste que Vignerols se soit équipée à la fois d'un collège et d'un lycée, certes réunis dans les mêmes locaux. À cette apparente incongruité, il y avait deux raisons : d'abord Vignerols pouvait se targuer d'une tradition scolaire qu'on ne saurait sous-estimer. En effet, les Vignerolais avaient bénéficié, jadis, d'une école primaire supérieure, qui s'était, par la suite, transformée en collège. Mais surtout, ce qui décida de l'implantation du lycée, ce fut la présence de vastes bâtiments historiques à l'intérieur de la cité.

Vieille bastide, Vignerols a gardé ses anciens remparts du XIIIe siècle, ainsi que l'ancien château seigneurial. Celui-ci occupe une partie du village d'autant plus importante que, dans les dernières décennies du Moyen Âge, un couvent bénédictin est venu s'accoler à sa robuste ossature. Pendant la guerre de 39-45, la Kommandantur prit ses aises dans la partie supérieure du château dont elle creva la toiture afin de permettre à ses fusils mitrailleurs de balayer le voisinage en toute quiétude.

Lorsque arriva la débâcle, les Teutons dynamitèrent l'escalier de la tour, tirèrent à coups de revolver sur les fenêtres et se firent des cibles contre les sculptures des cheminées, histoire de laisser un souvenir tangible de leur passage. Quant au couvent, abandonné depuis la Révolution, il servit longtemps d'entrepôt de céréales, avant d'être transformé en établissement scolaire au début du XXe siècle.

Bref, à la Libération, dire que le château menaçait ruine tenait carrément de l'euphémisme. Les bâtiments conventuels qui abritaient l'école primaire supérieure battaient de l'aile, eux aussi. Néanmoins, dans l'enthousiasme de l'après-guerre, l'établissement prit du grade et, malgré son aspect délabré, passa au rang de collège. C'était une époque où l'on ne se piquait pas encore d'états d'âme sur l'état des vieilles pierres, et l'on parla de raser tout ensemble le couvent et le château afin d'édifier à leur place des locaux flambant neufs et fleurant bon le béton frais, comme il s'en construisit alors un peu partout sur le territoire.

Mais la Providence veillait. Il se trouva que le maire de l'époque entretenait des relations amicales avec le député qui, à la faveur d'une de ces crises gouvernementales dont la IVe République fit ses délices, devint, l'espace d'une semaine, ministre de l'Éducation nationale. Juste le temps de prendre la décision de transformer le château et le couvent de Vignerols, dûment restaurés, en un sanctuaire éducatif accueillant les élèves de la sixième à la terminale.

Le pari était audacieux, car ces monuments d'un autre temps présentaient de sévères contraintes architecturales. Malgré les concessions consenties par le responsable des Bâtiments de France, il y eut beaucoup de place perdue, et l'on ne put y faire contenir qu'un nombre limité de classes. Cependant, l'établissement eut d'abord du mal à remplir ses locaux, menaçant même de fermer ses portes, jusqu'à ce que la réforme Haby qui permettait à tous les enfants d'entrer au collège, puis, dix ans plus tard, la décision de rendre bacheliers 80 % des élèves, résolvent durablement cet épineux problème d'effectifs.

Non seulement j'étais devenu professeur dans l'établissement scolaire où j'avais accompli mes études secondaires, mais en plus j'avais le privilège d'exercer mes fonctions dans des bâtiments his-to-riques. La vie de château en perspective pendant plus de trois décennies de carrière. À dix minutes du lycée, des loisirs agréables me permettaient de cultiver mon jardin, tandis que, côté culture de l'esprit, de passionnantes recherches historiques m'attendaient. En effet, personne n'avait réussi à élucider réellement l'origine du nom de notre localité. Certains prétendaient qu'au moment de la création de la bastide, le territoire était déjà largement planté de vignes, ce qui aurait expliqué le choix du toponyme. D'autres assuraient que le seigneur qui avait mené à bien la construction du château était un certain comte de Winguerod, originaire des Flandres, et que le nom de la cité en était issu.

À ma première rentrée au lycée de Vignerols, en qualité de membre de ce que l'on n'appelait pas encore sportivement « l'équipe éducative », je retrouvai certains de mes anciens maîtres. Celui que j'avais offensé, autrefois, en écrivant dans un devoir que le métier d'enseignant me séduisait en raison de ses horaires parcimonieux, avait été, heureusement pour moi, victime d'une crise cardiaque l'année précédente. Mais il y avait encore un vieux professeur de latin-grec, M. Ballangeais, dont j'avais été naguère le disciple studieux. Il ne jurait que par Platon, et pas seulement pour des raisons d'ordre littéraire : il avait les traits, la démarche, les mœurs et la distinction précieuse de Roger Peyrefitte, se parfumait au patchouli, et longtemps après son passage, son odeur ineffable embaumait encore les couloirs et les toilettes de l'étage où il officiait.

Parmi les « anciens », je retrouvai aussi Mme de Vallinois, également professeur de lettres classiques, épouse d'un hobereau pansu, fessu, désargenté, peu porté sur le travail, et dont le manoir se déplumait inexorablement de ses ardoises à chaque coup de vent. Une rumeur persistante, que le nobliau se gardait bien de démentir, prétendait qu'il descendait d'un bâtard de Louis XV et de Mme du Barry. Pour avoir plusieurs fois pris l'apéritif en sa compagnie, je pourrais témoigner qu'il était plus whisky que Bourbon, ce que confirmait la pourpre cardinalice de son appendice nasal.

Quinquagénaire, un rien évaporée, Mme de Vallinois, qui assurait la subsistance du ménage, conservait une fort belle allure et se révéla une collègue charmante, ravie de retrouver en ma personne un de ses anciens élèves passé de l'autre côté de la barrière.

L'émérite professeur Lugambert eût été à coup sûr le fleuron de l'établissement s'il n'avait trouvé celui de Vignerols trop exigu pour sa renommée et d'une fondation beaucoup trop récente. Il en va d'un lycée comme de la noblesse : plus ses origines sont lointaines, plus on y trouve de la gloire. Celui de Lectoure, dans une ville plus importante, lui paraissait convenir davantage à la dignité de sa personne et de son enseignement. Quoique résidant à Vignerols, où il avait exercé trois ans à ses débuts, il préférait infliger, chaque jour, trente kilomètres de routes tortueuses à sa 403 noire, plutôt que de condescendre à dispenser sa science dans un contexte aussi rural. Chaque soir, au cours de sa promenade, lorsqu'il passait devant notre cité scolaire, il devait soupirer, pareil à la chèvre contemplant, du haut de la montagne, l'enclos de M. Seguin :

« Mon Dieu que c'est petit ! Comment ai-je pu tenir là-dedans ? »

La génération de mai 68 venait de peupler l'établissement de jeunes professeurs qui firent souffler le vent de la contestation dans les murailles du XIIIe siècle. Un jeune agrégé d'allemand arborait une silhouette et une chevelure qui oscillaient entre celles de Jésus-Christ et celles de Che Guevara. Pour éviter de s'embourgeoiser, il avait refusé de louer une chambre à Vignerols et logeait dans sa 4L, en bordure de la Baïse.

Il prenait cependant son repas de midi au lycée, tout en chantant, accompagné de sa guitare, des airs de Bob Dylan entre les plats. À ceux qui tentèrent de lui expliquer qu'ils auraient aimé le silence au cours de cet intermède culinaire, il tenait un raisonnement imparable :

« Tu aimes le silence, c'est ton droit, et je le respecte. Moi, j'aime le bruit : respecte mon choix. »

Boidalbert, son collègue d'anglais, était un dadais longiligne à la mine invariablement en berne. La tyrannie sournoise qui régnait dans nos prétendues démocraties occidentales taraudait son esprit. Pas une décision ministérielle qui ne lui parût la preuve évidente d'une menace fasciste. Il poussait des soupirs aussi démesurés que sa taille en laissant tomber avec amertume :

« Finalement, il n'y a qu'en Chine, avec Mao, qu'on est vraiment libre. »

Je n'ai jamais très bien saisi les subtilités doctrinales, mais je peux assurer qu'il ne jurait, en outre, que par le marxisme-léninisme. Un jour que j'avais organisé, à Vignerols, la venue d'une troupe de théâtre pour interpréter *Le Tartuffe,* je m'étais mis à démarcher un à un tous mes collègues, craignant que le soir ne m'inflige la honte d'une salle vide.

« Est-ce qu'il s'agit d'une troupe marxiste-léniniste ? » me demanda Boidalbert d'un ton grave.

Je compris que son accord était lié à cette condition préalable. Je n'hésitai pas :

« Elle est fondamentalement marxiste-léniniste », affirmai-je.

Boidalbert attendait et préparait la Révolution imminente avec la jeune professeur de philosophie, Mlle Cauvin. Peut-être trouvaient-ils ensemble des satisfactions intimes aptes à soutenir les épreuves de leur combat politique, mais j'en doute : l'un et l'autre me paraissaient considérer le sexe comme intrinsèquement lié aux futilités de la société bourgeoise. Éternellement vêtue de patchworks en provenance directe de Katmandou, la philosophe était une blondinette souffreteuse qu'on eût dit échappée d'un sanatorium. En réalité, c'était un serpent-minute. Elle haïssait tous les collègues qui ne partageaient pas ses opinions et ferraillait avec eux à coups de dialectique venimeuse.

Il était cependant très difficile de cerner distinctement le visage de Mlle Cauvin. La plupart du temps, on ne la voyait que de dos, les bras levés, toujours occupée à placarder une affiche syndicale ou un slogan qu'elle venait d'écrire. Pas un jour ne se passait sans qu'elle appelât à la grève, au soulèvement, à la révolte. À la voir sans cesse dressée devant des murs, on finissait par la prendre pour une affiche elle-même, une allégorie pathétique et rabougrie. Elle semblait accrochée à quelque fil invisible, suspendue par des épingles à linge qu'on se prenait à chercher, malgré soi, au-dessus de ses mains.

Ses élèves étaient des proies qu'elle endoctrinait avec une inlassable obstination. À force de répéter à tous ces fils de paysans que la propriété représentait le plus terrible des fléaux, une pétition contre elle atterrit sur les bureaux vernissés du Rectorat. Lorsqu'elle voulut mobiliser la salle des professeurs dans son combat de militante persécutée, Mme de Vallinois lui fit observer que si la délation était une vilaine chose, il eût été opportun qu'elle manifestât un peu plus de neutralité dans son approche de la philosophie. Vexée, Mlle Cauvin lâcha une giclée de venin et conclut en déclarant :

« Décidément, depuis l'Antiquité, on nous a toujours donné la ciguë !

– Ma petite demoiselle, lui répliqua Mme de Vallinois, autant que je sache vous n'êtes pas Socrate, et en l'occurrence, un peu de mort-aux-rats suffirait ! »

La petite demoiselle en eut le caquet cloué jusqu'à la fin de l'année scolaire.

Ces querelles des Anciens et des Modernes usèrent prématurément M. Ballangeais. Ses airs de vieille dame s'obscurcirent jour après jour d'une incurable lassitude. Il finit par démissionner un an avant sa retraite.

Adrien Trouettes, qui lui succéda, affichait l'homosexualité sans complexe des temps nouveaux. Il y avait décidément comme une fatalité liée à ce poste de lettres classiques. Afin que nul n'ignorât la nature de ses penchants, il portait ostensiblement une chaîne autour du cou avec une bicyclette miniature en pendentif. Sa cruauté avec les filles se révéla dès la correction des premiers devoirs. Il aimait humilier les petites aussi bien que les grandes, persiflait dans ses annotations, rougissait les marges de remarques assassines. Les garçons, au contraire, surtout les plus jolis d'entre eux, bénéficiaient de son entière mansuétude. Là encore, une pétition s'apprêtait à circuler lorsqu'il s'amouracha d'Albert Floupet, professeur de musique, jeune marié à la démarche langoureuse. Outre ses compétences musicales, Albert affectionnait la poésie, et écrivait des vers qu'Adrien faisait étudier en classe avec la dévotion la plus extrême. Tous deux se mirent en ménage à la fin de l'année scolaire, et ils obtinrent leur mutation, dans une grande ville, à la rentrée suivante.

Mlle Cauvin nous quitta, elle aussi. Elle fut remplacée par un élégant quadragénaire portant cravate et complet bleu. Son faciès grave, la dignité de son allure, la distinction de sa démarche, son maintien courtois, laissaient présager des temps meilleurs. En effet, les hurluberlus qui s'étaient succédé depuis trois ans avaient porté un sacré coup à la réputation du lycée de Vignerols, dont M. Lugambert, au cours de ses promenades quotidiennes, se tenait de plus en plus éloigné. Des rumeurs inquiétantes se mirent à circuler sur la survie de l'établissement. Aussi l'arrivée du nouveau professeur de philosophie parut-elle de bon augure. Fort courtoisement, j'allai le saluer. Il s'enquit de mon nom :

« Paul Miradou, répondis-je en détachant les syllabes.

– C'est un nom basque », affirma-t-il d'un air profondément pénétré.

Puis il pivota sur lui-même et me quitta sans ajouter un mot.

Je fus surpris. Au cours de mon enfance, mes parents m'avaient quelquefois emmené au-dessous de Bayonne, et les noms que j'avais rencontrés là-bas, tous avec des « *k* », des « *y* », des « *x* », ou des « *etche*-quelque chose » à chaque syllabe, ne présentaient aucune ressemblance avec le mien. D'autre part, mon père m'avait toujours affirmé que nos origines gasconnes étaient attestées à Vignerols depuis la fondation de la bastide.

Le lendemain, au moment d'entrer en cours, je croisai à nouveau dans le couloir le respectable professeur de philosophie.

Il s'arrêta. Je lui tendis la main. Derechef il me demanda mon nom. J'accédai cette fois encore à sa requête.

« C'est un nom basque », répondit-il du même air pénétré et comme s'il l'entendait pour la première fois.

Troublé par cette obstination, je rentrai dans ma classe avec mes élèves. Le vénérable maître pénétra dans la sienne, fit asseoir son auditoire et entama une brillante introduction sur le rôle irremplaçable de la philosophie dans l'épanouissement de la personnalité. Puis, au bout de cinq minutes, il déclara :

« Maintenant, soufflons un peu ! »

Il ouvrit la fenêtre, s'accouda sur le rebord, alluma une cigarette, et resta là, penseur pensif, jusqu'à la fin du cours.

Un nouveau proviseur aussi venait d'être nommé. C'était un petit homme autoritaire dont on murmurait qu'il avait été envoyé ici pour remettre de l'ordre dans la boutique. Le jour de la rentrée, il exposa son point de vue sur la situation. Face au corps enseignant rassemblé, il tendit les deux bras en avant :

« Votre lycée, déclara-t-il d'une voix péremptoire, je le tiens là ! Si je baisse les bras (et il joignait le geste à la parole), le lycée s'écroule. »

On ne pouvait être plus clair. Chacun s'accrocha à sa chaise.

Ce saint-bernard mâtiné de doberman poussait au plus haut degré la passion de l'exactitude. Le moindre retard d'un membre du personnel provoquait chez lui des colères terribles. À la seconde où la sonnerie marquait la fin de la récréation, il pénétrait dans la salle des professeurs en frappant des mains :

« Allons, vite, c'est l'heure ! »

Puis il parcourait les couloirs au pas de charge, s'assurait que plus personne n'y traînait la semelle et que chacun avait regagné sa classe. Il paraissait si peu porté sur la diplomatie qu'en moins d'une semaine il était parvenu à mettre au pli le guitariste chevelu et le grand dadais angliciste.

Trois jours après la rentrée, lors de sa tournée d'inspection matinale et quotidienne, il aperçut, au sommet du deuxième escalier, la classe de philosophie béante. Les élèves, goguenards, attendaient, plus ou moins bien rangés contre le mur.

« Qu'est-ce qui se passe ? » hurla-t-il.

Au coup de clairon de sa voix, la troupe se mit presque au garde-à-vous.

« On attend le prof de philo, m'sieur le proviseur. »

Le général descendit en courant vers la salle des professeurs où il trouva l'auguste maître en cravate et costume lisant les panneaux d'affichage avec la sérénité d'un dieu de l'Olympe.

Se fût-il agi du chevelu ou du maoïste, le proviseur les aurait foudroyés. Impressionné par la dignité calme du philosophe, il parvint à dominer sa fureur.

« Mais monsieur, lui dit-il, vous n'allez pas en classe ?...

– Voyons, voyons, monsieur le proviseur, répondit l'autre comme s'il sortait d'une méditation transcendantale, quel jour sommes-nous ?... »

Le choc fut si grand que le proviseur, désarçonné, au bord de l'implosion, referma la porte et sortit.

Le lendemain, dans la cour de récréation, sans préambule ni raison apparente, le professeur de philosophie ôta sa veste, puis sa chemise, et, le torse nu, se mit à faire claquer sa ceinture en poursuivant les élèves. Ensuite il ôta son pantalon et partit s'ébattre en caleçon dans la fontaine (XVIIIe siècle) qui orne la place principale de Vignerols. Étonnés d'abord, les habitants de la petite ville éprouvèrent une stupéfaction bien légitime en apprenant l'identité du baigneur.

Mme de Vallinois, dont la fille unique était en classe de terminale, convainquit le proviseur qu'une solution urgente s'imposait. L'après-midi même, un fourgon de l'asile d'aliénés vint se saisir du philosophe, qui fut remplacé jusqu'à la fin de l'année par un maître auxiliaire sans histoires.

Sans doute s'agissait-il là des derniers soubresauts du big bang qui avait ébranlé la vénérable institution. Un mélange détonant, style AZF, d'éléments basiques constituant la couche stable du système éducatif, et des particules explosives issues du soulèvement des pavés au Quartier latin lors du printemps de 1968. Puis le mélange perdit de sa virulence, comme s'éventent les produits chimiques ou les médicaments dont le flacon est resté trop longtemps ouvert. À l'exception de mini ou micro-séismes récurrents mais larvés, la situation se stabilisa par la suite, chez nous comme ailleurs. Les spécimens les plus redoutables se recasèrent dans l'une ou l'autre des multiples sphères qui gravitent autour du noyau de l'Éducation nationale : associations para-éducatives, syndicats, centres de documentation, gruyères nourrissants aux labyrinthes multiples et douillets.

Les plus malins, souvent ceux que les proviseurs voyaient débordés dans leur classe, incapables de freiner un chahut, parfois au bord d'être défenestrés par leurs élèves, se recasèrent dans la recherche pédagogique. En vertu du vieil adage selon lequel celui qui ne sait rien faire enseigne, et celui qui n'y parvient pas enseigne les autres à enseigner, ils sont devenus des professionnels de la pédagogie. Patentés. Surtout pas tentés de retourner en classe. Mais acharnés promulgateurs de principes éducatifs toujours nouveaux, inventeurs de jargon, infatigables dans leur lutte contre le bon sens.

Pendant vingt ans, le corps des inspecteurs s'efforça d'étouffer ces délires, comme autrefois on étouffait sous un édredon ceux qui étaient atteints de la rage. Puis, insidieusement, leur jargon, auprès duquel celui des médecins de Molière eût passé pour un modèle de clarté, se glissa dans les circulaires, apparut sur les pages des manuels, pareil au ver du papier pénétrant à l'intérieur des livres. Essayant de freiner l'épidémie, les professeurs laissèrent les circulaires traîner au fond de leur casier, tournèrent sans y entrer les pages contaminées, firent la sourde oreille aux injonctions ministérielles. Seul Philippe Meyer s'en délectait avec malice au cours de ses chroniques radio.

Mais année après année, selon le principe de Peter, les incompétents qui s'étaient réfugiés dans la recherche pédagogique devinrent décideurs, sommèrent la valetaille d'appliquer le contenu des directives, et achevèrent de désorganiser l'antique machine à éduquer mise au point par Guizot, Jules Ferry et quelques autres.

En somme, en matière de désorganisation, au début des années 1970, dans notre bon lycée de Vignerols, nous étions, comme on dit, « en avance sur notre temps. »

Cependant, à cette époque, les enfants n'étaient pas les OGM d'aujourd'hui. Chez eux, la fièvre qui avait soulevé les pavés et les cœurs au cours des événements de mai 68, s'était vite apaisée. Nous avions en commun les mêmes valeurs : les personnages de Victor Hugo étaient encore pour eux des pages de livre, et non des personnages de dessins animés ou de comédies musicales ; Louis XIV restait un roi du XVIIe siècle, Poil de Carotte et la chèvre de M. Seguin évoquaient à leur esprit autre chose qu'un fromage. Déjà sans doute ils commettaient d'ahurissantes fautes d'orthographe, mais il arrivait qu'avec quelques règles adéquates et l'étude régulière des conjugaisons, on parvienne à faire régresser une partie de leurs lacunes.

J'éprouvai donc longtemps un réel bonheur à enseigner, à transmettre les petites connaissances que j'avais acquises, et à partager avec mes élèves quelques-unes de mes ivresses de lecture.

Si certaines émanations du corps enseignant irritaient mon épiderme, l'air pur se trouvait aux portes du lycée, la vigne de mon père était toute proche, et le renouvellement de sa plantation exerçait sur moi plus d'attirance que les élucubrations sémantiques ou les réunions syndicales.

III

Classe... verte !

Je dois à deux de mes collègues la découverte de ce qui éveilla les plus douces satisfactions de ma carrière. La subtilité de leur esprit leur avait permis d'allier les mérites du vent de liberté qui avait balayé les pupitres, et la rigueur nécessaire à toute entreprise éducative digne de ce nom.

L'un était professeur de sciences naturelles. C'était un bel homme, proche de la soixantaine, coquet dans son maintien. Son appartenance affichée au Parti communiste faisait partie de sa coquetterie. Il portait toujours *L'Humanité* sous le bras, sans jamais l'ouvrir, et à chaque élection cantonale se présentait contre son ami le conseiller général de Vignerols, radical-socialiste, tendance extrême centre.

Non sans lui préciser invariablement :

« Tu sais, Robert, je me présente contre toi parce que le Parti me le demande. Mais tu penses bien que je n'ai pas l'intention de prendre ta place ! »

Et c'était vrai. Le passage des grues et des palombes en automne le plongeait dans des extases quasi mystiques. Il pouvait jouir, des heures entières, du spectacle d'un grillon déployant ses élytres et chantant inlassablement au pied d'un plantain lancéolé. Aussi ses cours se passaient-ils souvent sur les bords de la Baïse, surtout lors des après-midi encore ensoleillés d'octobre, ou lorsqu'à partir de mars le chatoiement des berges l'appelait. Dès la fin avril, il ne remettait plus les pieds dans sa classe, et les élèves, sitôt que retentissait la sonnerie, se rassemblaient devant le portail, prêts pour la promenade. Les paysans médusés regardaient sa troupe folâtrer à la poursuite des insectes, et cette pratique avait valu alors, à notre lycée, le surnom de « lycée Papillon ». Bien que ce sobriquet fût inspiré d'une chanson célèbre, il ne manquait pas, nous concernant, de quelque pertinence. Tout ceci, d'ailleurs, n'empêchait pas nos élèves de se tirer honorablement des épreuves de sciences naturelles à leurs examens, preuve que la méthode du vieux professeur avait du bon.

L'autre collègue par qui s'ouvrit mon horizon enseignait les lettres modernes. Elle s'appelait Simone Barouzit et frôlait elle aussi la soixantaine. Nous partagions ensemble la passion de Daudet. Sans doute ses maîtres de l'école primaire l'avaient-ils bercée, autrefois, des récits de la mule du pape et du curé de Cucugnan, comme je l'avais été moi-même à l'école primaire de Vignerols. À huit ans, j'aurais pu réciter des pages entières des Lettres de mon moulin : « Il faut vous dire qu'en Provence, c'est l'usage, quand viennent les chaleurs, d'envoyer le bétail dans les Alpes » ; ou bien :

« Ce sont les lapins qui ont été étonnés ! » Sans parler du « tube » : « Quand la petite chèvre blanche arriva dans la montagne, ce fut un ravissement général. »

Les élèves de mes débuts, mes cadets de quelques années seulement, avaient emmagasiné les mêmes souvenirs d'enfance que moi. Nous n'étions pas le pays du thym, mais celui du serpolet, son cousin germain. Nous avions respiré les mêmes odeurs, savouré comme un don du ciel les premières cerises, pêché les écrevisses dans le même ruisseau. Certains possédaient encore du bétail, leurs grands-parents élevaient une ou deux chèvres, et la plupart fréquentaient le catéchisme. Quand nous lisions ensemble *Les Trois Messes basses*, les épisodes relatant le retour du troupeau (« Les mules à pompons rouges portant dans des paniers les agnelets d'un jour qu'elles bercent en marchant... »), les paragraphes décrivant « les genêts d'or qui sentaient bon tant qu'ils pouvaient », tous mes élèves, en cette époque où la télévision sortait à peine de ses balbutiements et où l'ordinateur n'existait que dans les récits de science-fiction, se retrouvaient proches de leur univers familier. Nous en tirions des dictées, des sujets de rédaction.

Mais ma collègue ne se contentait pas de faire lire les textes de Daudet. Tous les ans, elle emmenait sa classe de 5e en Provence, trois jours durant. Une halte à Glanum et à Saint-Rémy-les-Antiques pour l'initiation au latin, un autre au moulin de Fontvieille :

« Voyez, mes enfants, c'est sur cette plate-forme que se tenaient les lapins ! »

Tout le monde sait bien, et sans l'ombre d'un doute le savait-elle aussi, que Daudet n'a jamais habité dans ce moulin, et qu'il n'a donc pu observer les lapins, la nuit, du haut de la lucarne. Mais telle est la magie de la chose littéraire : on visite bien au château d'If les cellules où furent enfermés Edmond Dantès et l'abbé Faria, et je connais des inconditionnels des *Misérables* qui effectuent des pèlerinages, de Toulon jusqu'à Digne, sur l'itinéraire que suivit Jean Valjean à sa sortie du bagne. Aussi n'éprouvait-elle aucun scrupule à leur montrer le chemin qu'empruntait maître Cornille avec ses prétendus sacs de grains, ni l'arbre de couche sur laquelle un vieux hibou tenait compagnie au poète.

Il lui était arrivé cependant quelques mésaventures avec un élève de 5e nommé Galibert, le fils du tonnelier, qui avait l'allure et la gouaille du P'tit Gibus de *La Guerre des boutons*. Déjà l'année précédente il avait déstabilisé ma classe de 6e que j'avais, comme il se doit, initiée aux délices de la poésie et aux sortilèges de l'Antiquité gréco-romaine. Mes jeunes collégiens n'ignoraient plus rien de l'existence des Muses, de leur nombre, et de leur rôle respectif. De ballades en sonnets, d'épopées en élégies, nous arrivâmes à un poème de Victor Hugo où il était question d'un biniou :

Je ne sais plus quand, je ne sais plus où,
Maître Yvon soufflait dans son biniou.

« Qu'est-ce qu'un biniou, jeunes gens ? »

Mutisme de poissons rouges dans un aquarium.

J'explique, je décris l'instrument de musique. Puis, du biniou, je passe à la cornemuse :

« Et qu'est-ce qu'une cornemuse ? »

Cette fois, Galibert lève le doigt de façon intempestive :

« C'est une muse qui a des cornes, m'sieu ! »

Il déclencha une telle hilarité dans les rangs que j'eus beaucoup de mal à raccrocher mon cours à Victor Hugo et à son histoire de maître Yvon.

Cependant ceci n'était que peccadille. Au troisième jour du voyage en Provence organisé par Mme Barouzit, Galibert se montra nerveux. Des notes à prendre sur les colonnes de Glanum et sur les séjours d'Alphonse à Fontvieille, il commençait à en avoir ras le calepin. C'est à Maillane, dans la maison de Mistral, qu'il disjoncta.

Quelques années plus tard, il eût pris son mal en patience : l'apprentissage de l'occitan, comme celui de toutes les langues régionales, est aujourd'hui entré dans les mœurs. Les programmes scolaires lui ont réservé une place, et même si l'option en demeure facultative, de nombreux élèves choisissent d'en suivre les cours. Non pas qu'ils éprouvent une passion particulière à l'égard de ces langues qui, parfois, ne sont même pas celles de leurs ancêtres, mais les professeurs chargés d'enseigner cette matière ont trouvé un procédé infaillible pour susciter leur ferveur : au bac, l'option occitan, basque, ou breton, c'est, à coup sûr, cinq à six points de gagnés. De précieux jerricans dans les cas de panne sèche en philosophie ou en mathématiques. Donc, depuis vingt ans, pour tous les élèves de la moitié sud de la France qui ont la prudence de caser cette option dans leurs bagages, Mistral est un monsieur qu'on respecte.

À l'époque, malgré les efforts désespérés de Mme Barouzit, Mistral les laissait aussi froids que le marbre de Glanum en décembre. Quand la troupe entra dans la demeure du félibre, elle eut beau évoquer, avec des trémolos au fond de la gorge, son prix Nobel de littérature, puis les malheurs de Mireille, morte d'un coup de soleil, le petit Galibert se mit à donner des signes d'agitation de plus en plus inquiétants. Sur le bureau du Maître, il se saisit d'un porte-plume et menaça d'en piquer les fesses de sa copine Nathalie. Plus loin, il ouvrit une vitrine et empoigna un manuscrit. Au cri que poussa la conservatrice, il le lâcha, et les pages s'éparpillèrent sur les tomettes provençales. Bien qu'en principe il fût déjà interdit de donner des claques à un élève, le bon sens triomphait encore et quelques soufflets administrés à point nommé permettaient de rétablir l'ordre en cas de nécessité. À bout de patience, Mme Barouzit se précipita vers Galibert, la main levée, prête à sévir. Mais Glanum, le moulin, les Alyscamps, les arènes et maintenant le félibre avaient fait à ce point grimper le voltage qu'il perdit toute raison. La canne de Mistral se trouvait près de lui, à proximité du célèbre couvre-chef. Galibert la prit comme une épée, pointa l'extrémité ferrée en direction de Mme Barouzit et se mit à décrire des moulinets à la façon de Jean Marais dans *Capitaine Fracasse*, que le ciné-club du collège avait justement programmé la semaine d'avant leur départ. Mme Barouzit avait du caractère : elle réagit en gladiateur, riposta avec son sac à main, dont elle se fit d'abord un bouclier, puis qu'elle abattit à coups répétés en direction du récalcitrant. Galibert prit peur, recula, son arme toujours pointée vers l'ennemi : il maintint sa retraite jusqu'au bas de l'escalier, effectua un quart de tour sur sa gauche, escalada les marches, tête baissée vers l'avant. Mme Barouzit, malgré ses cinquante-huit ans et sa silhouette qui, a priori, ne paraissait pas la prédisposer à des performances sportives, s'y lança à son tour, suivie des quarante-sept élèves de l'expédition. Ils traversèrent en courant la chambre à coucher du poète, tournèrent autour d'un guéridon dans celle où avait couché Daudet, renversèrent une table de nuit, redescendirent vers le salon où ils firent valser deux lampes à huile, retraversèrent le bureau dont les tentures volèrent comme du linge à l'étendoir un jour de tramontane, regrimpèrent l'escalier, le redescendirent. Galibert parvint à distancer sa poursuivante, se cacha contre la bibliothèque et, pendant que la meute s'engouffrait dans la salle à manger, il prit la porte de la sortie, jeta la canne sur le perron, esquiva le jardin, traversa la rue, et partit se réfugier à l'arrière de l'autobus. Un de ses camarades l'aperçut au moment où il escaladait le marchepied, et ne put retenir un cri d'admiration :

« Sauvé ! Il est arrivé au car ! »

Cet involontaire baiser de Judas entraîna les collégiens dehors, comme une nuée de guêpes. Essoufflée, Mme Barouzit suivit l'essaim qu'elle ne parvenait plus à précéder, grimpa dans l'autobus qui redémarra illico tandis que sur le perron, la conservatrice levait les bras et la canne de Mistral vers le ciel bleu de la Provence.

De retour à Vignerols, Mme Barouzit ne se vanta pas de l'aventure. Afin de ne pas compromettre son voyage de l'année suivante en éveillant des polémiques, elle fit pour Galibert ce qu'avait fait Auguste pour Cinna : elle usa de sa clémence, et, magnanime, accorda le pardon. Néanmoins, des indiscrétions filtrèrent, s'insinuèrent dans les couloirs, débordèrent jusqu'à la salle des professeurs, et Galibert devint le héros d'un exploit qui, de rumeur en rumeur, s'amplifia dans les mémoires à la façon des épopées antiques. Curieusement, la réputation de Mme Barouzit ne s'en trouva pas altérée. Au contraire. En qualité de doyenne des professeurs de lettres de l'établissement, elle bénéficiait déjà d'un indiscutable prestige qu'avait encore augmenté son rôle de pionnière dans le secteur des voyages destinés aux élèves. La sédition de Galibert lui conféra une aura comparable à celle d'Ulysse vainqueur des Cyclopes ou à celle d'Hercule terrassant l'hydre de Lerne.

J'en tirai la leçon : quel que soit le bonheur que l'on peut éprouver à instruire des élèves, la carrière pédagogique offrait des réjouissances qui ne se limitaient pas exclusivement à l'enceinte d'un établissement scolaire, fût-elle du XIIIe siècle.

Certes, les travaux de la vigne, en compagnie de mon père et de Georges, notre employé, le spectacle des pampres jaillissant des ceps, au mois de mai, comme la mousse d'une bouteille de champagne, la volupté des vendanges, l'odeur du vin nouveau, m'offraient des ressources qui ne m'apparurent pas négligeables. Maître Labarbe tenait Gisèle en haute estime, et la considération dont elle faisait l'objet dans le village en raison de son habileté à régler les problèmes de succession, les affaires de partage, les formalités compliquées des échanges tripartites, n'allaient pas sans concéder à ma personne quelque reflet de son éclat. À défaut de m'avoir vu notaire, ma mère était reconnaissante à sa bru d'avoir fait entrer un peu de la prestigieuse profession dans notre humble famille de terriens.

Je ne dirais pas que je jouissais d'un bonheur parfait. À l'instar de la plupart des mortels, j'eusse aimé assurer ma descendance. Mais, ainsi qu'elle me l'avait annoncé avant notre mariage, Gisèle refusa de procréer. Comme la pilule lui donnait des nausées, que le stérilet provoquait chez elle des saignements chroniques, et que ses muqueuses présentaient quelque allergie au latex, elle me fit appliquer la méthode Ogino des familles catholiques vendéennes : l'abstinence. Sa grand-mère, déjà, après la naissance de son huitième rejeton, s'était libérée des assauts de son époux en lui déclarant :

« Désormais, Jules, les enfants, c'est fini ! »

Jules tordit le nez, et comprit le message, comme je le devinai à mon tour sans que Gisèle eût besoin de joindre un croquis.

Mon père avait donné à son vin blanc le nom de sa propriété : le Quinarit. Sa sonorité chantante était proche de l'onomatopée. Il semblait, en l'écoutant, qu'on entendît le bruit d'un filet de vin coulant d'un fût. Aux premières dégustations, les négociants apprécièrent sa saveur légère, particulièrement fruitée, sans être trop onctueuse. Quelque chose qui s'apparenterait aux crus de Loire, mais en plus rond, plus charnu. À la troisième récolte, l'obtention d'une médaille de bronze donna beaucoup de satisfaction à mon père, et j'avais suffisamment manié le sécateur en sa compagnie pour ne pas me croire indigne de partager sa fierté.

Mais, quoique en pensent les profanes, l'année scolaire est longue, et la sortie pédagogique me parut un excellent moyen d'en égayer un peu le déroulement monotone.

IV

Des amis choisis, comme Montaigne et La Boétie

À l'exemple des grands entrepreneurs, j'ai commencé petit. Onassis avait débuté sa carrière en vendant des journaux. Les champions cyclistes n'ont pas entamé la leur en attaquant d'emblée le col d'Aubisque. Des excursions scolaires d'une journée me permirent de me faire la main. Il y avait, fort heureusement, dans un rayon de cent kilomètres autour de Vignerols, des ressources pédagogiques qui, sans prétendre rivaliser avec la Provence de Mme Barouzit, méritaient d'être exploitées.

La nécessité d'initier mes élèves au latin, en classe de 5e, m'offrit l'occasion de m'initier moi-même à l'art subtil des voyages scolaires. En Dordogne, la villa gallo-romaine de Montcaret, puis celle de Séviac dans le Gers, furent le théâtre de mes premières escapades. Comme la surveillance d'une quarantaine d'élèves entraîne de lourdes responsabilités, il me fallut solliciter les services d'un second accompagnateur. Je choisis Mme de Vallinois. Outre qu'elle avait eu la charge, autrefois, de guider mes premiers pas dans la langue de Virgile

(*« O fortunatos agricolas... »*)[1], il ne me déplaisait pas de me faire escorter par cette collègue spirituelle et distinguée. J'entends par là cette distinction que confère la vieille noblesse en toute circonstance, car elle portait volontiers des chaussettes dépareillées et fumait en tenant sa cigarette pincée au milieu des lèvres, exactement dans l'axe constitué par la crête nasale et la pointe du menton. En acceptant mon offre, elle me félicita pour mon dynamisme pédagogique et ma hardiesse à affronter le parcours du combattant que constituent les innombrables documents à remplir dès qu'il s'agit de faire grimper des élèves dans un engin motorisé. L'odeur de l'encens ne m'étant pas désagréable, je fus convaincu, en l'écoutant, d'avoir effectué le bon choix.

Lorsque nous montâmes dans l'autobus, après avoir chargé les soutes de trois caisses de victuailles préparées par la cantine en vue de notre pique-nique, elle me confia :

« Mon mari m'a prévenu que les élèves entonnent souvent des chansons égrillardes au cours de ces expéditions. »

J'affectai une mine dubitative.

« Heureusement, ajouta-t-elle, il m'a certifié que ces galopins emploieraient des mots dont je ne comprendrai pas le sens. »

Je l'assurai que je n'entendais pas confondre une sortie pédagogique avec une virée de carabins, et je me

1. Heureux laboureurs...

portai garant de la parfaite tenue de nos troupes. Le site de Montcaret, où l'ancienne villa gallo-romaine a été recouverte d'un cimetière, n'incite pas particulièrement à la gaudriole, et je misai sur l'austérité de mon choix pour dissiper tout malentendu.

À peine avions-nous parcouru quelques kilomètres que la petite Isabelle, qui me paraissait, en classe, la plus motivée par la douce ritournelle des déclinaisons, s'approcha de mon siège, une cassette de Johnny Hallida y à la main, et me demanda la permission de l'insérer dans le poste de radio de l'autobus. Un rien scandalisé, j'opposai un refus poli mais ferme qui éveilla une rumeur tumultueuse à l'arrière du véhicule.

Je me levai et partis vers l'avant me saisir du micro :

« Désolé, mais nous ne sommes pas en vacances. La sortie pédagogique, c'est la classe à l'extérieur du collège. D'ailleurs, je vais profiter du trajet pour vous instruire en vous racontant un épisode de la guerre des Gaules qui s'est justement déroulé tout près de Vignerols. »

En lançant ce scoop, j'avais imaginé un silence gourmand. Sans que ce fût intempestif, je perçus au contraire une sorte de sourd murmure réprobateur. Il en fallait plus pour me décourager.

« Figurez-vous que, quelques mois seulement après la conquête de notre territoire (reddition de Vercingétorix : 52 avant Jésus-Christ), la petite bourgade de Sos prit les armes et se rebella contre l'occupant. César ne se laissa pas faire, et il délégua une légion entière conduite par Crassus... »

Si les noms de Vercingétorix et de César leur étaient familiers, celui de Crassus engendra des jeux de mots et suscita une franche rigolade dont j'eus beaucoup de mal à venir à bout. Je continuai néanmoins, m'efforçant de dominer le tumulte qui, peu à peu, s'apaisa.

Soudain, de la dernière rangée, un chant s'éleva, faible d'abord, puis, avec la vitesse d'un cheval au galop comme la marée au Mont-Saint-Michel, ce fut une vague qui déferla sur toute la superficie de l'autobus.

Un peu confus, je regardai Mme de Vallinois : elle souriait avec l'indulgence des grands seigneurs.

Je renonçai à la vindicte de César et regagnai mon siège, résigné à subir l'intégralité du récital.

Cela commença par l'histoire de Jeanneton, ses joncs et sa faucille. Les décibels allèrent en s'amplifiant jusqu'au redoutable couplet :

La morale de cette histoire,
C'est qu'les hommes sont des cochons.

Lequel fut suivi du plus redoutable encore :

La morale de cette morale,
C'est qu'les filles aiment les cochons.

J'eus peur que Mme de Vallinois n'en avale sa cigarette. Je me trompais : toute comtesse qu'elle fût, elle s'était laissé gagner par la liesse ambiante et riait de bon cœur.

Son hilarité redoubla lorsque les choristes enchaînèrent avec Bruant :

Dans un amphithéâtre, phithéâtre, phithéâtre,
Y avait un macchabée, macchabée, macchabée...

Elle s'assombrit néanmoins au moment du refrain célèbre :

Ah, c'qu'on s'emmerde ici, merde ici, merde ici,
tsoin, tsoin !

Je vis ses lèvres se pincer, son nez se tordre, mais comment arrêter ce raz de marée de décibels ?

Je crus défaillir à la troisième chanson, qui commençait par « *En revenant de Paris chez ma tante...* ». Pourtant le visage de Mme de Vallinois s'éclaira de nouveau. Sans doute avait-elle cru reconnaître une bluette de patronage, car elle se laissa aller à chanter avec les élèves, et, lorsque arriva le refrain fatidique « *Tiens voilà mon zob zob zob, tiens voilà mon zob* », je vis avec stupeur qu'elle scandait les paroles dans la plus parfaite innocence.

Son mari avait raison : en dépit de son âge et de son incontestable culture, il y avait des mots dont le sens échappait à Mme de Vallinois.

*

Longtemps après ce petit voyage, elle ne put me rencontrer au détour d'un couloir sans me féliciter de mon incomparable mérite et de l'excellence de cette journée.

« Comme je vous admire, M. Miradou ! Ce que vous faites là est extraordinaire ! » ne cessait-elle de me répéter.

Si la litote me procure des sensations subtiles, je ne méprise pas les saveurs d'une hyperbole.

Ce fut l'une des raisons de mes regrets lorsqu'elle prit sa retraite à la fin de l'année suivante, après que nous eûmes effectué ensemble mon deuxième voyage scolaire, à la villa gallo-romaine de Séviac. Mme de Vallinois continua à fredonner en toute candeur les chansons les plus obscènes, sans plus provoquer l'étonnement de personne, mais c'est un autre événement qui marqua cette deuxième excursion.

Le patron de l'armada roulante menant et ramenant les demi-pensionnaires au collège, était, à sa manière, un artiste. Son violon d'Ingres, sa palette, son pinceau, sa page blanche, c'étaient les autobus. Loin d'avoir la rigueur d'un chef d'entreprise, Albert Remon menait son affaire avec la fantaisie d'un poète, et lui portait l'affection d'un amoureux à sa dulcinée. À près de quatre-vingts ans, on le voyait encore, chaque matin, chaque soir, tenant son quartier général avec ses chauffeurs, devant les portes de la cité scolaire. Point de secrétariat pour noter les commandes et les rendez-vous : tout dans sa tête.

Mais les poètes habitent parfois les merveilleux nuages. Ce jour-là, il oublia que l'autobus destiné à nous conduire à Séviac devait subir le contrôle des Mines, à Auch. S'en avisant un quart d'heure après notre départ, il envoya aussitôt un autre véhicule à notre poursuite. Malgré sa diligence, l'autobus de remplacement ne rejoignit le nôtre que vers les dix heures, au dernier carrefour menant sur le site archéologique.

« Vous n'avez pas à vous inquiéter, M. Miradou, expliqua le chauffeur, je prends votre autobus pour l'amener aux Mines, et je vous laisse le mien. »

Pas de problème. Par une fin de matinée ensoleillée, nous parcourûmes les mosaïques, le triclinium, le tepidarium, les thermes, le système de chauffage hypocauste. Les ruines archéologiques livrèrent leur charme éducatif et leur splendeur aiguisa les appétits. Une aire de pique-nique était aménagée à proximité du site. L'autobus nous y conduisit. Les élèves affamés se précipitèrent vers les tables.

Il me semble que c'est juste au moment d'ouvrir la porte des soutes qu'un trouble me traversa l'esprit : les repas préparés par la cantine ! Nul n'avait songé à les transférer dans l'autobus de remplacement ! Ils étaient partis avec l'autre ! Aux Mines, nos provisions ! Que faire, à moins de brouter l'herbe tendre ? Notre budget nous interdisait le repli vers un restaurant. Il fallut attendre l'ouverture, deux heures plus tard, d'une épicerie dans le village. En ratissant le fond de nos poches, nous parvînmes à acheter quelques biscuits. Mais qu'elle fut longue, la visite du Musée archéologique inscrite au programme de la journée ! Les statues, les bustes, les chapiteaux corinthiens nous parurent aussi délabrés que nos estomacs. Des fantômes de sandwiches au jambon nous faisaient la danse du ventre devant les vitrines de tessons antiques. On aurait pris pour des saladiers de laitue le marbre des feuilles d'acanthe verdissant sous les spots.

Le retour s'effectua dans un silence sépulcral. Les ventres affamés n'ont pas d'oreilles, ils sont également dépourvus de voix.

*

Avec Séviac et Montcaret, j'avais épuisé toutes les joies du tourisme archéologique de proximité, celles qu'on pouvait s'offrir en partant le matin, « dès l'aube, à l'heure où blanchit la campagne », et qui s'achèvent le soir même avant que le soleil ne se couche derrière les nuées.

Au plan local, il me restait cependant deux autres ressources : le château de Montaigne, non loin de Castillon-la-Bataille, et celui de Montesquieu, à La Brède, aux portes de Bordeaux. Deux balades littéraires en perspective. Mme de Vallinois étant partie à la retraite, je dus me trouver une nouvelle accompagnatrice. Je jetai mon dévolu sur une jeune professeur d'histoire arrivée au début de l'année scolaire, Mlle Lechat. Sa mine languissante aurait dû m'inspirer de la méfiance : je n'éprouvai que de la commisération. Il me venait de la peine en la voyant franchir la cour de récréation d'un pas fatigué, arc-boutée en sens inverse de son cartable trop lourd. Je l'avais aperçue, par la porte entrouverte de sa classe, le hisser sur le bureau, les bras crispés, en laissant choir un profond soupir.

Je pensais lui arracher quelque apparence de satisfaction en lui proposant de l'amener sur les lieux où deux de nos plus prestigieux écrivains avaient accouché d'immortelles colonnes de notre panthéon littéraire. Elle se contenta d'accepter en hochant la tête, sans se départir de son rictus douloureux.

Le matin du départ, Mlle Lechat présentait une mine plus déplorable encore qu'à son ordinaire. À peine le car s'était-il ébranlé, ballottant à chaque virage le café au lait de mon petit déjeuner, qu'elle me confia son tourment : elle avait la diarrhée. Pas seulement aujourd'hui, précisa-t-elle, c'était un état chronique. D'où sa mauvaise mine : déshydratation, perte de sels minéraux, carences diverses. Elle avait beau se gaver de chocolat, de gelée de coing, de confiture de caroube, rien n'y faisait. Des selles liquides, liquides, liquides.

J'ai toujours eu l'estomac délicat, le matin. J'avais beau m'efforcer d'écouter le moins possible, certaines images s'imposaient à moi. De façon terrible. La route qui mène à Saint-Michel-de-Montaigne est particulièrement sinueuse. Au niveau de Sauveterre-de-Guyenne, Marie-Pascale, dont j'avais corrigé la semaine précédente la meilleure dissertation sur l'auteur des *Essais,* vint m'annoncer qu'il fallait s'arrêter d'urgence car sa copine Chantal était sur le point de vomir.

S'arrêter, avec un autobus, sur une route étroite et infestée de virages, facile à dire ! Un bosquet apparut tout de même à propos, le chauffeur freina des deux pieds, on eut juste le temps d'ouvrir la porte. Mlle Lechat profita de la halte pour s'éclipser derrière un buisson. Elle revint plus livide encore, m'expliquant ce que, sans être sorti de Polytechnique, j'avais deviné tout seul.

Le même double scénario se renouvela trois fois encore avant d'atteindre l'Olympe : *ad augusta per angusta* ! [1] Une odeur aigre flottait insidieusement entre les sièges et le plafond. Moins les arrêts s'espaçaient, plus ils devenaient longs : il fallait laisser aux malades le temps de récupérer. Le grand air vaut toutes les médecines, mais sa lente et méthodique absorption (« Respirez fort, la bouche bien ouverte ! ») ne nous mit pas en avance. À midi, nous n'étions toujours pas arrivés au but de notre voyage : une aire de pique-nique fut la bienvenue, d'autant plus que, cette fois, les provisions étaient au rendez-vous. Le saucisson à l'ail de la cantine, les cornichons au vinaigre, les pommes-chips et les tranches de cake sous cellophane ne pouvaient manquer de requinquer l'équipage en détresse. Pour ma part, j'étais bien décidé à caler mon café au lait récalcitrant qui n'avait cessé de s'agiter depuis le départ.

Après un passage rapide aux toilettes toutes proches, Mlle Lechat s'assit à ma table, celle qu'on réserve aux professeurs et au chauffeur de l'autobus dans ces circonstances, à côté des cartons de victuailles dont il

1. Vers la gloire, par des chemins étroits !

nous incombe de surveiller l'équitable répartition. Mais avant de se poser, ma délicieuse accompagnatrice sortit de son sac à main une nappe de papier qu'elle disposa sous nos assiettes.

« On n'est jamais assez prudent sur ces aires de pique-nique, expliqua-t-elle. Que de fois j'ai vu des parents sans scrupules changer les langes de leurs bébés à même la table ! Et quand il y a des projections, c'est tout juste s'ils prennent la peine de les essuyer. »

Mon café au lait, qui s'était apaisé, fit à nouveau des siennes. Mais Mlle Lechat n'était pas au bout de ses considérations hygiéniques :

« D'ailleurs, quand les enfants sont plus grands, ce n'est pas mieux, soupira-t-elle. Ils vont aux toilettes, promènent leurs chaussures dans l'urine, et après, ils s'amusent à grimper sur les tables. »

Je faillis l'étrangler. Une heure et demie plus tard, les sentences grecques et latines gravées sur les solives de la « librairie » se brouillaient devant mes yeux. Tout l'après-midi, je ne pus lever la tête sans être saisi de nausées. Ce n'était pas qu'un effet de l'oreille interne.

Je décidai de me passer à tout jamais des services de Mlle Lechat. Je renonçai même à Saint-Michel-de-Montaigne : la route qui conduit là est beaucoup trop sinueuse. Mieux valait jeter mon dévolu sur Montesquieu. L'*Esprit des lois* plutôt que les *Essais*, la Renaissance supplantée par les Lumières, et surtout par les avantages d'un accès plus rectiligne. Même si l'autoroute, à cette époque, ne commençait qu'à partir de

Langon, la nationale 113 limitait les risques de transformer nos estomacs en marmelade.

Pour m'accompagner, je renonçai au corps professoral. Déjà les associations de parents d'élèves prenaient une importance croissante dans notre métier, et, quelques jours avant notre départ, je fis, en classe, un appel d'offres, sollicitant des volontaires parmi les géniteurs. J'attendais une accompagnatrice, j'en obtins deux : l'épouse du pharmacien Bernigue, et Mme Labarbe, celle du notaire. C'était couru : seules les plus nanties, équipées d'une bonne, pouvaient se libérer une journée entière sans affecter le train de leur maison. De surcroît, Mme Labarbe, dont le mari était l'employeur de Gisèle, avait sans doute jugé convenable de m'apporter généreusement son aide. Et puis Vignerols est une petite ville, les occasions de se divertir n'y foisonnent guère : toutes deux virent là une occasion inespérée de tuer le temps.

Le fait qu'elles soient deux m'avait rassuré. Quoi qu'on en pense, accompagner une sortie de quarante ou cinquante élèves n'est pas une croisière de tout repos. Mme Barouzit en avait fait l'expérience à Maillane. À chaque arrêt de l'autobus, il faut, en repartant, procéder à l'appel, vérifier s'il n'y a pas des brebis égarées. La visite des sites requiert une vigilance constante, une acuité de tous les instants. Deux mères d'élèves ne seraient pas de trop pour me seconder dans ma tâche.

La réalité est souvent rugueuse à étreindre, et je dus déchanter.

Mme Bernigue et Mme Labarbe s'installèrent à côté l'une de l'autre, aux meilleures places de l'autobus, et au lieu de profiter de ma présence pour rafraîchir leurs connaissances sur les *Lettres persanes*, elles entamèrent une conversation qui ne me laissa rien ignorer de leur féminité la plus intime.

« Moi, j'ai dû changer de gynéco, disait l'une. C'est à peine s'il prenait le temps de m'examiner. J'avais beau lui expliquer que j'avais des pertes blanches, jamais il ne m'a fait le moindre prélèvement. »

Je me ruai sur la contemplation du paysage, m'efforçant de ne pas écouter.

« Vous devriez plutôt choisir une femme, répliqua l'autre. Elles connaissent mieux nos problèmes. Ainsi la mienne utilise un spéculum en plastique. C'est beaucoup moins désagréable que le contact du métal.

– En plastique ? Mais alors, croyez-vous qu'on peut le désinfecter aussi efficacement que ceux en inox ? »

Cela dura ainsi jusqu'à La Brède. Pendant la visite, elles furent charmantes, comparant la bibliothèque de Montesquieu à leur living, s'extasièrent devant les meubles, trouvèrent dans le château des idées d'aménagement pour leur maison.

« Ce plan d'eau tout autour, c'est vraiment délicieux. L'an prochain, nous ferons construire un bassin, nous aussi, avec des nénuphars.

– Ah ! Les nénuphars, les nénuphars ! J'adore les nénuphars. Ils me font toujours penser au tableau de Van Gogh. »

C'était une belle journée de la mi-juin. Monet ou Van Gogh, le ciel était trop limpide pour que j'eusse envie de chicaner. Le soleil avait donné soif à tout le monde. Comme la contribution demandée aux élèves s'était révélée excédentaire, je décidai d'accorder une halte dans un café de La Réole et d'offrir une tournée générale. Ravies de cet avant-goût de vacances, mes accompagnatrices sirotèrent leur diabolo grenadine avec une lenteur désespérante. Les élèves avaient achevé de boire leur consommation depuis longtemps et se dégourdissaient les mollets le long du trottoir. Certains commençaient à s'éloigner, dans un sens, dans un autre. Je rattrapai un groupe, courus après deux filles de première qui venaient d'entreprendre une conversation (sur Montesquieu, sans doute) avec un chevelu à la motocyclette pétaradante, ramenai trois garçons qui s'apprêtaient à suivre, vers une rue adjacente, une gourgandine, dont la jupe, comme disait ma grand-mère, ne risquait pas d'attraper la rosée.

« Mais laissez-les donc ! Que craignez-vous ? » minaudèrent d'une seule voix celles que j'avais embauchées en qualité d'accompagnatrices.

Ce que je craignais ? Tout. Un retard à notre arrivée qui eût fait manquer aux demi-pensionnaires leur car de ramassage. Une mauvaise rencontre. Un élève, et peut-être plus, manquant à l'appel.

Mon agitation accrut leur amusement. Pas une n'esquissa un mouvement de la croupe pour me venir en aide.

Saint Thomas d'Aquin, patron des enseignants, priez pour moi !

Le miracle eut lieu. Au coup de klaxon que donna le chauffeur, le troupeau se rassembla dans son intégralité.

« Vous voyez bien, s'exclamèrent-elles avec jubilation, que vous aviez tort de vous faire du mauvais sang ! »

Mais les effervescences des lycéens, peut-être aussi les premières chaleurs de l'été, avaient émoustillé ces dames. Sans que leur conversation dégénérât totalement au niveau linguistique d'un escadron de légionnaires, elles se laissèrent aller à des remarques lestes sur un quadragénaire à la silhouette fine et à la peau bronzée qui avait garé son coupé sur le bord de la route. Puis, en gloussant, elles se mirent à extrapoler sur les hommes en général et sur certains de leurs mérites en particulier. Ces deux dames, à qui la rumeur publique n'avait attribué jusqu'ici la moindre défaillance, étalèrent complaisamment leurs fantasmes à demi-mot, pataugèrent dans des allusions salaces, sans se préoccuper des élèves, pas plus que de moi-même dont elles se souciaient autant que si j'eusse été un pot de géraniums posé sur la banquette.

Elles me remercièrent néanmoins, à l'arrivée, avec la plus parfaite courtoisie :

« Quelle merveilleuse journée nous avons passée ! »

Tiens donc ! Je pense bien qu'elles avaient passé une bonne journée. Pas trop fatigante en tout cas. Ni pour la surveillance, ni pour le surmenage intellectuel.

J'en conclus qu'il ne suffisait pas d'organiser des voyages scolaires : encore fallait-il s'entourer d'accompagnateurs fiables et d'une santé robuste.

De retour à Vignerols, j'aurais presque été heureux de retrouver Gisèle si, selon son habitude, elle n'avait amené une pile de dossiers à la maison. Quel homme comblé, ce maître Labarbe ! Non seulement je venais d'assumer son épouse pendant la journée, mais le soir, la mienne faisait des heures sup, à l'œil, pour la prospérité de son étude.

Le lendemain, je me défoulai dans la vigne. Mon père s'était équipé d'une écimeuse mécanique. Mes élèves de première avaient été libérés pour préparer leur épreuve de français, et de ce fait, ma matinée se trouva libre. J'en profitai pour étrenner le nouvel engin. L'aube était fraîche. Derrière le tracteur, les couteaux rotatifs faisaient pirouetter une jonchée de pampres autour de moi. La floraison était achevée. Sur les grappes découvertes, de minuscules graines commençaient à apparaître.

V

Paris plus vaste que l'Océan miroitait donc

Mes petites déconvenues m'auraient peut-être dissuadé de me lancer dans de nouvelles expéditions pédagogiques si Gisèle n'avait eu horreur des voyages. Au cours des trois premières années de notre mariage, elle consentit à passer quelques jours, en juillet, aux Sables-d'Olonne, qui n'étaient pas très loin de Bressuire, et d'où elle pouvait, les jours de pluie, se rendre pour quelques heures dans sa famille. Mais le quatrième été, une secrétaire de maître Labarbe obtint un congé de grossesse, et Gisèle ne put prendre les siens qu'en septembre. C'était fâcheux. J'aurais eu du mal à expliquer au proviseur qu'il me fallait quelques jours, juste après la rentrée, pour partir en vacances avec mon épouse. Celle-ci, d'ailleurs, n'en fut pas exagérément contrariée, profita de l'aubaine pour peaufiner sa connaissance du code civil, et nous perdîmes ainsi l'habitude de nos escapades estivales.

Outre les voyages, Gisèle détestait le théâtre. C'était pour moi un autre motif de contrariété. Jeune homme, je n'aurais manqué sous aucun prétexte les tournées théâtrales qui passaient dans la région. Dès que j'avais obtenu mon poste à Vignerols, j'avais fait venir, dans la salle des fêtes, des troupes semi-professionnelles, effectuant du porte à porte, téléphonant ici et là, jurant mes grands dieux qu'elles étaient marxistes, gaullistes, léninistes, brechtiennes, écologistes, giscardiennes, maoïstes, pour être assuré de garnir les sièges. En classe, je m'efforçai de transmettre ma passion du cothurne.

Le jour de ma première inspection, je choisis d'expliquer une scène du premier acte de *Britannicus*. On m'avait assuré que l'inspecteur aimait Racine. Par ailleurs, il avait écrit, sous un pseudonyme, un roman policier dont Agrippine était le personnage principal. Mon choix me parut donc opportun.

Pour me donner la réplique, je m'adjoignis le concours de Jérôme, un élève de belle prestance et à la voix sonore, capable de paraître s'émouvoir en m'entendant lui dire :

« Narcisse, c'en est fait, Néron est amoureux. »

L'inspecteur fut tellement charmé par notre duo qu'il voulut entendre quelques vers du deuxième acte, lorsque Néron déclare sa flamme à Junie. Plus encore, il ne put résister à l'envie de lire lui-même, cette fois, le rôle de Néron.

« Me permettez-vous, cher collègue, cette innocente fantaisie ? »

Mais comment donc, sire ! On ne refuse rien à un inspecteur.

Il lui fallait une partenaire. Il jeta son dévolu sur la jolie Corinne qui était proche de lui. Le hasard avait bien fait les choses. Corinne s'était justement amourachée, « depuis un moment mais pour toute sa vie », d'un godelureau de terminale nommé Frédéric, qui n'en était pas à sa première conquête. Je ne doutai donc pas qu'elle saurait trouver le ton juste.

En dépit de sa cinquantaine pâlichonne et dégingandée, l'inspecteur se coula d'emblée dans le rôle :

« Vous vous troublez, madame, et changez de visage...
Lisez-vous dans mes yeux quelque triste présage ? »

Corinne n'eut pas de mal à simuler l'émotion. Elle bafouilla au premier vers, désarçonnée par la place inhabituelle du pronom personnel complément :

« Seigneur, je ne vous puis déguiser mon erreur,
J'allais voir Octavie, et non pas l'empereur. »

Visiblement ravi d'avoir troublé la nymphette, l'inspecteur poursuivit avec la pompe sévère d'un acteur de la Comédie-Française :

« Quoi, madame, est-ce donc une légère offense
De m'avoir si longtemps caché votre présence ?
L'heureux Britannicus verra-t-il sans alarmes
Croître loin de mes yeux son amour et vos charmes ? »

Au nom de Britannicus, Corinne songea de toute évidence à Frédéric. Sa voix, hésitante jusque-là, devint assurée, se fit voluptueuse :

« Je ne vous nierai point, Seigneur, que ses soupirs
M'ont daigné quelquefois expliquer ses désirs.
Il m'aime... »

L'inspecteur exultait. On devinait en lui une jouissance proche de l'extase. Ses lèvres frémissaient. Nul doute que, le cas échéant, il eût tordu le cou à Britannicus pour contempler Junie « dans le simple appareil d'une beauté qu'on vient d'arracher au sommeil ». Pour être inspecteur, on n'en est pas moins homme.

« C'est à moi seul, Madame, à répondre de vous,
Et je veux de ma main vous choisir un époux. »

Corinne :

« Et quel est donc, Seigneur, cet époux ?
– Moi, Madame ! », fit Néron au comble de la félicité.

Ce *« Moi, Madame »* fut empreint d'une fougue qui fit sursauter la pauvre Junie. Plusieurs élèves, médusés, se retournèrent.

Corinne ne fut pas moins sincère :

« Vous ???!!! »

Un instant, dans sa tête, elle dut mettre en parallèle son blondinet de Frédéric et le vieil agrégé à la barbe grise. Ce *« Vous ? »* était bien de la plume de Racine, mais elle le lut avec une répulsion si peu feinte que toute la classe pouffa de rire.

L'incident coupa la chique au tragédien. Dépité, il ferma le livre. La sonnerie me tira de ce mauvais pas.

Lors de l'entretien rituel, au cours duquel le légat du ministère assène son verdict, je fus complimenté pour ma persévérance à maintenir l'étude des classiques.

« M. Miradou, vous n'êtes pas seulement un professeur de lettres, me dit-il : vous êtes un professeur de belles-lettres. Depuis 68, beaucoup trop de vos collègues ignorent nos immortels classiques. Ils préfèrent Beckett, Ionesco, ou même Boris Vian. »

Quoique j'éprouvasse moi-même beaucoup de tendresse pour ces trois auteurs, je fus flatté de l'hommage.

Néanmoins, il tenait à me faire payer le *« Vous ? »* impertinent de la jolie Corinne. Il chipota sur mon explication de la tirade. À propos du fameux vers *« J'aimais jusqu'à ses pleurs que je faisais couler »,* il me reprocha de n'avoir pas prononcé le mot qui s'imposait :

« Vous auriez dû dire que Néron est sadique. »

Je n'osai lui répondre que ce mot m'était bien venu à l'esprit, mais que, comme le divin marquis était postérieur d'un bon siècle à Racine, j'aurais cru commettre là un anachronisme d'un goût incertain. Je ne me risquai pas davantage à lui dire :

« Le mot "sadique" n'a effectivement cessé de me chatouiller les lèvres, lorsque vous avez, avec tant de véhémence, donné la réplique à Corinne. »

Cette mésaventure ne refroidit pas mon enthousiasme pour le théâtre. D'ailleurs, revenu dans l'atmosphère feutrée de son bureau du Rectorat, sans doute apaisé par l'itinéraire de son retour à travers le calme bucolique de la campagne gersoise, M. l'inspecteur m'adressa un rapport des plus flatteurs où Racine relégua aux oubliettes l'auteur des *Infortunes de la vertu*. Ce qui me prouva que si l'inspecteur pouvait avoir la chair faible, son esprit savait rester fort.

Des *Fourberies de Scapin* aux *Femmes savantes*, du *Cid* à *Polyeucte*, avec quelques incursions dans *Phèdre* pour les classes les plus méritantes, j'explorai à fond le répertoire classique, débordai sur Anouilh, Camus, Giraudoux, et même, en cachette, sur Beckett, Ionesco ou Boris Vian. Les projections vidéo n'existaient pas encore : il fallait se contenter des disques 33 tours où frémissaient la voix d'orgue de Michel Bouquet, cruel Félix dans *Polyeucte*, celle de Renoir et de Jouvet au festival de Bellac, ou celle de Vilar incarnant Dom Juan sur les tréteaux du Palais des papes. Le Centre national de documentation pédagogique nous envoyait parcimonieusement quelques films, souvent à contretemps : on attendait Marivaux, et c'était Beaumarchais qui arrivait. La bande usée cassait au milieu d'une tirade, quand ce n'était pas la lampe du projecteur qui rendait l'âme. Nous y vîmes néanmoins Jean Piat et toute la Comédie-Française de la grande époque au cours d'un mémorable *Mariage de Figaro*. La *Phèdre* de Marie Bell avec les *Leçons des Ténèbres* de Couperin en fond sonore, arracha des larmes à Corinne, dont l'émotion fut telle qu'elle dut quitter la salle (je me suis cependant toujours demandé s'il ne s'agissait pas d'un prétexte pour rejoindre Frédéric dans la cour de récréation).

*

Sans sous-estimer les vibrations littéraires que suscitaient mes cours de français, je voulus cependant procurer à mes élèves des émotions qu'ils n'oublieraient jamais. Les conduire vers un des hauts lieux du théâtre. L'idéal eût été Avignon, mais il est difficile de motiver des collégiens ou des lycéens pendant les grandes vacances, tandis que la perspective de manquer quelques jours de classe présente la particularité de susciter en eux les enthousiasmes culturels les plus surprenants.

Je me souvins qu'au soir de mon oral de CAPES, quelques années plus tôt, un vertige m'avait pris face à toutes les tentations dramaturgiques qu'offrait la capitale. J'avais opté pour *Les Poissons rouges* d'Anouilh, au théâtre de l'Œuvre, et longtemps, les murs du collège de Bressuire, puis ceux du lycée de Vignerols, retentirent de mes imitations de Marielle et de Galabru qui avaient été les interprètes des principaux rôles :

« N'oublie jamais, mon fils, en dépit de tous ceux qui te tendent leurs moignons, que c'est toi qui as construit la cathédrale de Chartres et écrit les Pensées de Pascal. Et les pièces de Molière, toutes les pièces de Molière, c'est toi aussi ! Sans compter les pièces de Shakespeare ! »

Je choisis donc Paris. J'y emmènerais ma classe de première. Paris au mois de mars. Pour quatre jours : vendredi, samedi, dimanche et lundi. Ceci étant le résultat d'une savante péréquation. Quatre parce qu'il me fallait, en autobus, une journée aller, une journée retour ; que deux jours sur place constituaient le maximum et le minimum pour se gaver de théâtre tout en évitant l'indigestion, et que tout allongement de cette équipée en eût insupportablement renchéri le coût.

De plus, ces jours de la semaine représentaient le fruit d'une négociation serrée avec le proviseur. Puisque nous faisions le don de notre week-end à la bonne cause, il consentit à nous octroyer le vendredi et le lundi en témoignage de son extrême générosité. À vrai dire, il eût carrément refusé la proposition s'il n'avait été depuis son arrivée à Vignerols un client fidèle de notre production viticole. Chaque semaine il achetait des quantités appréciables de bouteilles qu'il emportait dans le coffre de sa voiture. C'était à croire qu'il fortifiait son énergie dominatrice en buvant du Quinarit. De ce fait, le proviseur rencontrait régulièrement mon père et ma mère, et sans que s'établisse entre lui et moi une familiarité quelconque, il n'osa s'opposer catégoriquement à ma demande.

Cependant, il avait pris bien soin de préciser :

« Il va de soi qu'une telle sortie ne peut être que tout à fait exceptionnelle. »

Puis il avait ajouté en tendant ses deux bras :

« N'oubliez pas que le lycée, c'est moi qui le tiens !

Si je le lâche, il tombe ! »

Six mois qu'il nous faisait le coup.

La plupart de mes élèves étant issus de familles aux revenus modestes, il me fallut réaliser des prodiges d'invention destinés à réduire le budget. La cantine accepta de nous fournir des provisions pour trois repas. J'obtins du maire qu'il use de ses relations cantonales afin que la Maison du Conseil général à Paris, sous couvert d'une réception qui serait signalée dans la presse, nous offre un lunch copieux le dimanche à midi. Il restait encore deux repas à pourvoir : face à l'impossibilité d'amener mes jeunes chez Maxim's, je les invitai à se munir de denrées non périssables et roboratives qui nous épargneraient la disette dans le jardin des Tuileries.

Les théâtres auxquels je m'adressai nous accordèrent des réductions généreuses. Quant à l'hébergement, il allait de soi qu'un lycée parisien nous fournirait le gîte. Contactés par téléphone, les établissements auxquels je m'adressai répondirent d'abord favorablement. J'avais l'embarras du choix. Mais quand j'eus expédié le dossier, ils se rétractèrent tous, les uns après les autres, au motif que notre groupe était mixte et qu'au nom des bonnes mœurs, ils ne pouvaient accéder à ma demande. Il ne me restait plus que l'embarras. Si près du but, je faillis me décourager.

Heureusement, j'entretenais les meilleures relations avec le curé de Vignerols, qui lui-même était lié d'amitié avec l'aumônier du lycée Jules-Ferry, à Paris. Ce dernier se montra moins timoré que les ressortissants de l'Éducation nationale, car il nous proposa tout simplement, pour le week-end, le local de son aumônerie, 65 boulevard de Clichy, en plein cœur du IXe arrondissement. Une pièce unique donnant sur une cour intérieure où nous pourrions disposer d'un robinet d'eau froide et d'un WC rudimentaire sous un appentis.

Restait le problème de l'accompagnateur(-trice) que j'allais m'adjoindre. Échaudé par mes deux expériences précédentes, je résolus d'être circonspect. D'emblée, j'écartai les souffreteux, les migraineux, les catarrheux, les diarrhéiques, ainsi que tous ceux ou celles dont les propensions libidineuses risquaient de me créer des nuits blanches. Quand j'eus procédé par élimination, il ne resta en piste que deux demoiselles : l'une, professeur d'anglais, à deux ans de la retraite, arborait une moustache brune qui attestait de sa vertu mais aussi d'un possible dérèglement hormonal. L'autre se prénommait Géraldine. Elle avait remplacé Mme de Ballangeais sur le poste de lettres classiques, à la rentrée précédente. Sa trentaine était toute fraîche. Je l'avais connue sur les bancs de l'université. Lorsque j'annonçai que mon choix s'était porté sur elle, le proviseur ricana. Gisèle beaucoup moins. Elle avait tort : si Géraldine n'avait pas été, jadis, d'une pruderie trop cruelle, elle était à ce jour fiancée à un professeur de gymnastique de Marmande. La carrure et les atouts musculaires de celui-ci mettaient Géraldine à l'abri des tentations, et, le cas échéant, eussent dissuadé les miennes.

Pas plus que pour se rendre à Bordeaux, il n'y avait

à l'époque d'autoroute permettant de monter à la capitale. L'itinéraire en lacets qui passe par Limoges et Châteauroux nécessitait une journée interminable avant d'atteindre les rives de la Seine. Paris était, heureusement, moins encombré qu'aujourd'hui. Aussi notre chauffeur, qui pratiquait surtout les départementales du Gers, n'eut pas trop de peine à nous conduire jusqu'à l'aumônerie du lycée Jules-Ferry, face à la place Blanche. Pour le provincial que je suis, le nom de cette place n'évoquait qu'une mélodie de Jacques Dutronc. D'ailleurs, nous arrivâmes si fatigués que notre débarquement se fit sans que nul n'accorde le plus léger regard au paysage environnant.

Un jeune prêtre nous attendait devant une large porte cochère. Il nous mena dans le local situé en contrebas du boulevard, nous souhaita une bonne nuit, et s'éclipsa. Mes vingt-cinq garçons et filles, Géraldine et le chauffeur du car se déshabillèrent sans ambages, enfilèrent leurs pyjamas, leurs sacs de couchage, et rompus par le trajet sombrèrent aussitôt dans un sommeil plus dur que le béton qui nous servait de sommier.

Je m'allongeai aussi, mais sans m'endormir tout de suite. Le poids de mes responsabilités, loin de peser sur mes paupières, me maintint en éveil. Dans l'ombre je me mis à surveiller les corps immobiles, m'assurant qu'aucune main audacieuse ne s'échappait de l'enveloppe moelleuse des duvets.

Mais non, j'eus beau scruter les ténèbres, seuls les bras de Morphée caressaient les croupes endormies.

Soudain, mon regard se porta sur les deux soupiraux (inutile de chercher dans votre dictionnaire : on ne dit pas « des soupirails ») permettant d'aérer notre gîte. La lumière de l'avenue y pénétrait faiblement, et à travers elle, je distinguai des va-et-vient de mollets hissés sur des talons aussi hauts que pointus. Parfois les mollets s'immobilisaient face à des pantalons. Puis les quatre jambes disparaissaient ensemble, et d'autres mollets continuaient leur lent manège. Je compris alors la nature des activités nocturnes de ce quartier. J'en aurais sans doute conçu de la stupeur si la fatigue ne m'avait, à mon tour et à l'instant même, foudroyé.

La fraîcheur de mars nous réveilla tous au petit matin, et l'eau glacée du robinet, dans la cour, acheva de dégourdir les omoplates ankylosées. À huit heures, toute ma classe se retrouva sur la place Blanche que l'aube avait débarrassée de sa faune nocturne. Nous aperçûmes alors notre autobus stationné sur un terre-plein, le pare-brise décoré d'un papillon gris indiquant, en même temps qu'une amende substantielle, que l'emplacement était interdit aux véhicules. La veille, il y avait tellement de voitures garées partout et n'importe comment que nous n'avions pas pris garde à l'incongruité du choix de notre chauffeur. Mais à cette heure matinale, il faut reconnaître que notre car, tout seul sur ce tertre, faisait tache. On eût dit un stylite juché sur sa colonne. Je n'avais pas prévu ce pépin dans notre budget. Heureusement l'aumônier, que je joignis par téléphone, me rassura :

« Ne vous inquiétez pas, me dit-il. Je suis dans les meilleurs termes avec le commissaire du quartier : je passe le voir tout de suite. Attendez-moi. Vous savez, avec le lycée placé ici, il n'y a pas que des autobus que je dois aller récupérer au commissariat ! »

Je l'entendis rire sans comprendre tout de suite le motif de son hilarité. Peut-être aurais-je fait un rapprochement avec la scène entrevue la veille à travers le soupirail si le souci de conduire ma troupe à travers Paris n'eût monopolisé mon attention. Je remarquai que l'aumônerie jouxtait une chapelle dédiée à sainte Rita, la patronne des causes désespérées. À tout hasard, j'y entrai faire brûler un cierge afin de nous garantir de toute nouvelle déconvenue.

Au bout d'un quart d'heure, l'aumônier nous rejoignit. Il avait effectivement arrangé notre affaire.

« Mais l'autobus ne doit pas rester là, précisa-t-il. Je vais accompagner votre chauffeur à un endroit sûr où il pourra laisser le véhicule sans mécontenter la maréchaussée. Quoi qu'il en soit, il n'est pas question de circuler dans Paris avec ce moyen de locomotion. Prenez plutôt le métro. »

Le métro, c'est vite dit. Comment éviter, parmi la cohue, de perdre quelques-uns de mes élèves ? Comment, après avoir été freinés par les trous, les p'tits trous du poinçonneur, faire entrer, d'un seul coup, vingt-sept adolescents de province à l'intérieur d'un wagon déjà bondé ? Comment procéder à l'appel au milieu de la foule des passagers ?

Je mis en garde :

« Dès que le métro s'arrête, guettez l'ouverture des portes, et précipitez-vous ! Celui ou celle qui restera sur le quai ou qui s'embarquera dans une autre voiture, je ne vois pas comment je pourrai retrouver sa trace. »

J'avais délibérément donné dans le registre du roman noir.

Le message fut parfaitement compris par mes jeunes campagnards, terrifiés à l'idée de jouer les petits Poucets dans le labyrinthe des avenues. Lorsque le sifflement de la machine fit entrebâiller les portes coulissantes, ce fut la giclée d'un champagne décapité par le sabre. Ma horde campagnarde bondit à l'intérieur du compartiment, se rua sur les sièges, plaqua violemment contre la paroi opposée les autochtones citadins qui s'apprêtaient à descendre. J'eus beau leur expliquer qu'une telle impétuosité n'était peut-être pas indispensable, ma mise en garde les obséda tout au long de notre séjour, et pas une seule fois nous ne pénétrâmes dans le métro sans que le même scénario ne se renouvelle. Les Parisiens, qui en ont vu d'autres depuis, parurent médusés de cette invasion de Mohicans à l'assaut de la capitale.

En dépit de la parfaite fiabilité de la manœuvre, je résolus de ne pas abuser de ce moyen de transport. Paris se visite à pied. Nous n'avions pour cela que la journée du samedi et la matinée du dimanche. Rien ne fut épargné à mes prosélytes : la place des Vosges avec la maison de Victor Hugo, la rue de Richelieu où vécurent Molière et Balzac, les jardins du Palais-Royal sans les pieds de zèbre de Buren mais avec l'appartement de Colette, l'immeuble de la rue du Bac dans lequel Chateaubriand écrivit les dernières pages des *Mémoires d'outre-tombe*, Notre-Dame le dimanche matin afin d'entendre les grandes orgues... Paris en long, en large, en travers, au pas de course, nous accordant seulement quelques haltes dans des pharmacies pour panser des orteils en état de délabrement avancé.

Le reste du temps, mes élèves durent sacrifier à ma boulimie de théâtre. Trois pièces en deux jours. Le premier soir, ce fut *Le Voyageur sans bagages,* d'Anouilh, au théâtre des Mathurins ; Ivernel dans le rôle de l'amnésique, et Orane Demazis dans je ne sais plus lequel : quarante ans après s'être fait connaître en jouant Fanny, la vieille dame qu'elle était devenue avait gardé le même visage inexpressif, les mêmes intonations nasillardes, mais enfin c'était la mythique Orane (ô désespoir) du grand Pagnol. Le dimanche après-midi fut meublé par une pièce d'Ionesco délicatement intitulée *Ce formidable bordel* (quoique le sujet de la pièce n'eût aucun rapport avec les activités nocturnes de notre quartier de résidence, jc suppliai mes élèves de ne pas révéler ce titre à notre retour). En guise de bouquet final, *Ondine,* à la Comédie-Française, avec Adjani à ses débuts.

C'est là que je pus constater la navrante fragilité de l'humaine nature. Les rotules brisées, les talons en charpie, les méninges en overdose de culture, mes élèves s'affalèrent dans les velours rouges de la célèbre salle. La douceur des fauteuils exerça sur eux un charme plus attractif que les effets conjugués du verbe giralducien et de la voix bouleversante de la jeune Isabelle. En moins d'un quart d'heure, pas un seul de mes potaches qui ne roupillât sans la moindre vergogne, tous épuisés, tous parfaitement indifférents aux amours contrariées de la sirène rhénane et de son chevalier teuton.

« Hans ! Hans ! » faisait Isabelle.

L'écho ne lui renvoyait que les ronflements de mes élèves assoupis.

Après *Le Voyageur sans bagages,* il ne m'avait pas été possible de les ramener à notre logis sans que le caractère particulier de la place Blanche by night leur échappât. J'avais eu même quelque mal à empêcher les garçons de s'attarder devant les beautés court vêtues, ou les filles de trouver du piment à se voir abordées par des amateurs de chair fraîche. Je tremblai en songeant à ce qui aurait pu se passer si Mme Labarbe et l'épouse du pharmacien avaient été mes accompagnatrices. Heureusement, Géraldine, dont les sens avaient été durablement apaisés par son athlète avant le départ, fut d'un secours impeccable : tous deux, comme des chiens de garde, nous rassemblions les brebis menacées de perdition, tirant à l'avant, poussant à l'arrière, et lorsque enfin se referma derrière nous la porte de l'aumônerie, je me félicitai du cierge que j'avais offert, le matin même, à sainte Rita.

Le retour au bercail après *Ondine* ne me causa pas les mêmes soucis. « Hier la grande armée, et aujourd'hui troupeau » : le vers de Victor Hugo s'imposa à mon esprit lorsque je vis mes élèves hagards, claudiquant, la mine basse, aussi lamentables que les soldats de Napoléon après la traversée de la Berezina.

« Tu viens, mon p'tit loulou ? »

« Alors, les minettes, on veut pas prendre un verre ? »

Ah, ils pouvaient bien leur faire des avances, les noctambules de la place Blanche, se léchant les babines, Vénus vénales ou pourvoyeurs de tendrons : ni mes garçons ni mes filles ne s'apercevaient même de leur présence, uniquement obsédés par la perspective de l'austère volupté de leur sac de couchage sur la dalle de béton !

*

C'est à mon retour de ce voyage que Gisèle me fit part de son intention de devenir premier clerc. À l'instar du Rodolphe de *Madame Bovary,* celui qui occupait le poste avait décidé de s'établir dans une plus grande ville au cours des années prochaines. Gisèle était résolue à ne pas manquer l'opportunité de prendre sa place le moment venu. Mais pour cela, il lui fallait obtenir une licence de droit. Lorsqu'elle avait fait ses études à Poitiers, soucieuse de ne pas être en charge trop longtemps à ses parents, elle s'était contentée de quelques diplômes mineurs. Maintenant elle paraissait décidée à rattraper le temps perdu.

« Je m'inscrirai à un institut d'enseignement par correspondance, me déclara-t-elle. Et un jour par semaine, j'irai suivre les cours à la fac de Toulouse. Maître Labarbe est d'accord. Ça me fera du boulot, mais j'y arriverai. »

Je me trouvai comme Emma au retour du bal de la Vaubyessard, à jamais condamné à la monotonie d'une vie conjugale dont l'horizon paraissait inexorablement obstrué.

VI

PROJETS D'ACTIONS TRÈS ÉDUCATIVES

Plusieurs années s'écoulèrent avant qu'une nouvelle aventure ne vînt ponctuer ma petite vie de professeur de lettres à Vignerols. Les recrues extravagantes qui avaient suivi mai 68 et coïncidé avec les débuts de ma carrière s'étaient raréfiées. Ceux qui n'avaient pas réussi à se caser dans des planques dorées avaient fini par entrer dans le rang, et la source s'était tarie.

Heureusement il nous resta Gilberte, que les hasards de ses mutations avaient conduite jusqu'à notre lycée et qui occupa le poste laissé vacant par le départ en retraite de Mme Barouzit. Elle avait d'abord été nommée dans la banlieue de Charleville, puis elle s'était laissé tenter par une Zone d'éducation prioritaire proche de Grenoble. Après un court passage dans un collège de l'Aveyron, elle avait échoué chez nous, la quarantaine triste, et célibataire.

Selon toute probabilité, les hommes ne s'étaient pas bousculés près d'elle au cours de sa morne existence. Un sourire de temps en temps eût peut-être apporté à ses traits, sinon de la beauté, du moins quelques parcelles de charme. Mais, pareille à Buster Keaton, Gilberte paraissait atteinte d'une paralysie des zygomatiques et se refusait à cette gymnastique faciale. Ses mâchoires semblaient prêtes à mordre. Quand elle promenait son bouledogue dans les rues de Vignerols, ce n'est pas du molosse que les gens avaient peur.

Elle était originaire de Normandie, comme le cidre et le camembert. Si elle avait les effervescences de l'un, il manquait à son esprit les rondeurs de l'autre. Alors que les multiples réformes qui s'abattent sur le système éducatif ont le don de provoquer une bouffée de stress dans l'ensemble de la profession, Gilberte exultait dès que le *Bulletin officiel* publiait une nouvelle directive. Les expériences de « pédagogie différenciée », elle s'y lança avec gourmandise. Dès qu'il fut question des « parcours croisés », des « itinéraires de découverte », elle se jeta en première ligne, abreuvant ses classes de photocopies, de stencils rédigés pendant des nuits entières dans un méticuleux et illisible désordre. L'innovation pédagogique, c'était le mari qu'elle n'avait pas eu, les enfants qu'elle n'aurait jamais, le but de sa vie, sa raison d'être.

La dernière année qu'elle passa parmi nous, elle connut l'apothéose avec le système des « séquences ». Tandis que le corps professoral, fatigué des lubies chroniques des pédagogues patentés, se demandait comment se tirer de ce mauvais pas, comment biaiser une fois encore pour essayer de rendre consommable cette cuisine de laboratoire, Gilberte trouva là des jouissances que l'usure du quotidien ne lui laissait plus espérer.

Elle franchissait les couloirs avec une allégresse renouvelée, son cartable de plus en plus obèse, monopolisant la photocopieuse, épuisant en rames de papier les maigres crédits de la section. Une seconde jeunesse s'ouvrait devant elle, jonchait une pluie de roses sur ses pas. Elle était devenue la Louise Michel de la didactique, la Jeanne d'Arc de la séquence.

D'ailleurs, à l'instar de ces héroïnes, Gilberte ne dédaignait pas vouer son énergie à de nobles causes. Quand le ministère enrôla le corps enseignant dans la lutte contre le fléau du sida, elle se fit hussarde et partit à l'assaut. Figure de proue de la nouvelle croisade républicaine, troquant la cocarde et le bonnet phrygien contre une capote, elle entreprit de convaincre ses élèves de 5e que leur salut était intrinsèquement lié à l'usage rigoureux de cette oblongue capsule. Munie d'un manche à balai, elle expliqua le mode d'emploi et montra de quelle manière il convenait de coiffer l'organe incriminé afin de se préserver de la contagion. Après cette leçon de physique expérimentale, elle incita sa classe à effectuer des recherches personnelles, à se documenter auprès du pharmacien de Vignerols, à découper articles et photos dans des magazines, puis à coller le fruit de ces enquêtes sur des chemises cartonnées. Afin que l'art se joignît à l'entreprise, elle conseilla des chemises en trois volets qui puissent se déplier et se replier à la façon des triptyques de la Renaissance.

Il se trouva que Gilberte avait en charge, cette année-là, l'éducation de la fille de Mme Verlet, présidente de l'association des parents d'élèves de Vignerols. La petite avait poussé le scrupule jusqu'à illustrer son dossier d'un superbe préservatif déployé sur la partie centrale du triptyque. Légitimement fière de ses investigations, elle avait épinglé son œuvre au-dessus de son lit.

Mme Verlet s'en émut, demanda un rendez-vous à Gilberte, et lui présenta l'objet de son étonnement :

« Je sais bien, mademoiselle, que l'enseignement du français ne se limite pas aujourd'hui à l'étude des conjugaisons, mais ne trouvez-vous pas que ces enfants de 5e sont un peu jeunes pour... »

Gilberte le prit de haut. Elle expliqua avec véhémence qu'il importait d'agir précisément avant que survienne l'adolescence. Les hormones, c'est comme les tempêtes, ça ne prévient pas.

« Il suffit d'une surprise-partie [dans ce domaine, Gilberte en était restée au vocabulaire des sixties], de quelques minutes d'égarement, et votre fille aura contracté le virus ! C'est cela que vous souhaitez ? Vous voulez la mort de votre fille ? »

Ce disant, elle arracha violemment le dossier des mains de Mme Verlet, le fourra sous son bras gauche, claqua les talons, fit un demi-tour sur elle-même, et sortit dans la rue avec la mine triste et altière des grands incompris.

Cependant elle avait opéré la rotation de façon si martiale que la force centrifuge décolla le préservatif. Celui-ci, retenu seulement par une extrémité, se glissa hors de l'étui de carton, et tel un balancier flasque de quelque horloge molle, oscilla sur la cuisse de la pédagogue, tandis que les villageois, ébahis, la regardaient passer.

On ne se lassait pas de Gilberte.

Hélas, elle voulut revoir sa Normandie. C'était fatal. Après dix-huit ans passés à Vignerols, elle nous quitta pour un collège des environs de Rouen. Je ne dirai jamais assez combien je l'ai regrettée, Gilberte. Elle était de ces professeurs indispensables dans un établissement. Grâce à eux, les autres deviennent l'objet d'une affection particulière de la part des parents et des élèves :

« Quelle chance, mon fils est avec vous cette année, M. Miradou ! Deux ans de suite il a eu mademoiselle... enfin, vous savez qui !... »

Je n'osais protester.

Avec Gilberte, on se sentait meilleur.

*

En deux ans, Gisèle boucla sa licence et obtint son diplôme de premier clerc. Il y a dans le notariat à peu près la même distance entre le clerc ordinaire et le premier clerc qu'entre un agrégé et un simple certifié dans le corps enseignant. Gisèle venait de franchir une étape décisive de son ascension sociale, et son autorité, tant professionnelle que familiale, s'en accrut. Il me parut urgent d'entamer de nouvelles aventures.

Je sentais qu'avec l'expédition de Paris j'étais sur la bonne voie, mais qu'il était possible de réaliser beaucoup mieux. L'ardeur des conquérants commençait à me brûler. Dom Juan souhaitait qu'il y eût d'autres planètes pour y pouvoir étendre ses conquêtes amoureuses : je me demandais si le monde serait assez vaste pour contenir tous les voyages scolaires que je désirais entreprendre.

Les professeurs de langues vivantes étaient favorisés. Sous prétexte de placer les élèves en contact direct avec l'anglais, l'espagnol, l'allemand, des classes entières se rendaient à Londres, à Bonn, à Madrid. Mais quand on est professeur de français, que faire ? Que faire en un gîte à moins que l'on ne songe ? Où apprendre le français mieux qu'en France ? Il me vint bien à l'idée qu'on pouvait tâter du français archaïque chez les Acadiens, retrouver auprès d'eux la saveur qu'avait notre langue au XVIIe siècle. Cependant, ces « quelques arpents de neige », comme disait Voltaire, c'était tout de même un peu plus loin que les Pyrénées. Financièrement, je ne pouvais envisager une telle expédition. Quoique j'eusse rêvé de parcourir le monde, les contingences me ramenaient à la réalité.

C'est alors que le ministère accoucha d'une invention de génie : les Projets d'action éducative. Il s'agissait de faire travailler plusieurs classes sur un thème culturel capable de fédérer différentes matières : le français, le latin, l'histoire, l'éducation musicale et les arts plastiques, par exemple. Moyennant quoi, après avoir rempli un nombre confortable de dossiers et à condition d'aboutir à une production médiatisée (un petit livre, un spectacle, une exposition...), on pouvait prétendre à une dotation financière, et éventuellement à un sauf-conduit pour un voyage plus ou moins lointain. Les résultats furent variés. Comme pour un vin, il y eut de bons crus, telle l'étude d'une tragédie d'Euripide, de la 5ᵉ à la seconde, et la représentation de la pièce sous les remparts de Vignerols à la fin de l'année. Mais on trouva aussi le pire, lorsqu'un professeur d'arts plastiques s'avisa d'imaginer une réutilisation artistique des rouleaux de papier WC (cylindre central !), avec exposition des divers objets réalisés à partir de ces reliquats. Le jour de l'inauguration, une féerie de serpentins de papier ouaté bleu, blanc, rose, descendant l'escalier à vis du donjon, vint agrémenter l'étalage des chefs-d'œuvre. Invité pour la cérémonie, M. l'inspecteur s'émerveilla. Cependant, il n'y décela pas un moyen « d'éducation à la citoyenneté » car ce n'était pas encore devenu à la mode.

En revanche, quelques années plus tard, j'en connus un qui voyait de « l'éducation à la citoyenneté » partout – selon le vœu du ministère qui cherchait à rattraper trois décennies de gabegie scolaire et sociale. C'est ainsi qu'au cours d'une réunion départementale rassemblant tous ceux qui avaient déposé un Projet d'action éducative, cet inspecteur d'Académie s'extasia sur un sujet particulièrement porteur : Mlle Bidepin, professeur de biologie d'une moralité exemplaire, s'était attelée à un sujet pédagogique traitant des oiseaux. Le projet ne manquait pas d'envergure car il s'adressait aussi bien aux élèves du primaire qu'à ceux du secondaire. Il s'agissait d'observer et de noter les flux migratoires en automne, au printemps de recenser les œufs et leur éclosion dans les nids, et, pendant l'hiver, de secourir les oiseaux affamés ou blessés. Ce dernier point força l'admiration de l'inspecteur d'Académie qui vit là le type même d'action pouvant « éduquer les élèves à la citoyenneté ».

« Quel merveilleux exemple, s'exclama-t-il, que ce généreux secours que l'on porte aux oiseaux ! Comment mieux faire comprendre aux enfants qu'ils doivent, toute leur vie, apporter leur aide aux plus défavorisés ? N'est-ce pas, Mlle Bidepin ? »

La réunion durait depuis quatre lourdes heures. L'assistance somnolait. Mlle Bidepin elle-même paraissait errer dans les lointains nuages à travers lesquels défilent les grands vols de migrateurs.

Elle atterrit comme elle put :

« Oui, fit cette authentique vierge à la quarantaine bien tassée, combien de fois j'ai été émue de tenir entre mes mains ces petites boules velues !... »

L'assistance, cette fois, se réveilla. Éberluée. On devina quelque flottement dans le doux regard de l'Inspecteur, tandis que Mlle Bidepin, les mains rapprochées au-dessus de la table paraissait caresser le duvet souple et la chair tiède de ces garants de la citoyenneté.

Pour ma part, je n'étais pas indifférent à la vie des passereaux, mais l'étude des lettres me paraissait peu compatible avec un projet sur les vertébrés ovipares : il y avait bien *L'Albatros* de Baudelaire, *Le Pélican* de

Musset, *le Condor* de Leconte de Lisle, mais l'anthologie demeurait restreinte. D'autre part, en matière de théâtre, j'avais déjà donné, et *Les Oiseaux* d'Aristophane m'inspiraient moins qu'Euripide.

En revanche, à condition de savoir s'y prendre, le principe des Projets d'action éducative était de nature à constituer une mine presque inépuisable de voyages scolaires. Avec subvention à la clé, ce qui n'est pas négligeable. Quinze ans plus tôt, j'avais pressenti les ressources que pouvait offrir l'enseignement du latin en conduisant mes élèves de 5e vers les villas gallo-romaines subsistant dans la région.

L'appréciation « Peut mieux faire », si souvent écrite sur les bulletins trimestriels, me parut s'appliquer à mon cas. Oui, je pouvais mieux faire qu'une excursion d'une centaine de kilomètres et d'une seule journée. Pourquoi ne pas voir grand, et se rendre à la source même de la langue latine, c'est-à-dire à Rome ?

L'idée me vint au cours de la deuxième quinzaine d'août, alors que j'administrais un ultime sulfatage à la vigne. Une fois encore, je pestais contre Gisèle qui, prétextant je ne sais quel nouvel examen ou concours à préparer, avait annulé le séjour en Bretagne dont je me forgeais une félicité. C'était décidé, j'irais à Rome, avec mes élèves, au cours de l'année scolaire.

L'entreprise était de taille, néanmoins. Financièrement, elle ne pouvait se réaliser qu'en respectant certains impératifs. Les autobus contenant cinquante-deux places, je devais recruter quarante-huit élèves, pas un de plus, pas un de moins, et réserver quatre places aux accompagnateurs. Je consultai mes collègues de langue qui avaient quelques longueurs d'avance sur moi : ils me conseillèrent de m'adresser à une agence spécialisée dans les voyages scolaires. C'est elle qui se chargerait de l'hébergement et des réservations.

« Cela fait plusieurs années que nous prenons Eurolangues, m'assura mon ami Jean-Claude, professeur d'anglais. Nous n'avons jamais eu à nous plaindre. »

Le professeur d'espagnol et celui d'allemand me confirmèrent tout le bien qu'ils pensaient de cette agence, spécialisée dans les séjours linguistiques.

Je ne saisis pas tout de suite le danger de cette spécialisation. Ce n'est que plus tard qu'il me parut limpide. En France, l'écrasante majorité des élèves choisit d'apprendre l'anglais : viennent ensuite l'allemand et l'espagnol ; les autres langues, dont l'italien, ne concernent qu'une infime minorité d'entre eux. Eurolangues n'avait donc jamais organisé de voyages en Italie. Mais la secrétaire à la voix d'hôtesse d'aéroport qui me répondit au téléphone se garda bien de me signaler ce détail. Nous nous contentâmes de discuter les prix et de fixer la date. Ce serait entre le 12 et le 19 mars, juste avant les vacances de Pâques.

Mitterrand ayant été réélu triomphalement au mois de mai, je jugeai prudent de m'adjoindre Marie-Christine, pas seulement parce qu'elle enseignait la musique, mais en raison de ses activités politiques. Secrétaire de la section locale du Parti socialiste, elle était alors dans le vent de l'histoire ; son entregent me serait précieux lors de l'attribution de la subvention rectorale. Et puis avec elle, j'étais sûr de ne pas m'attirer les foudres de Gisèle. Marie-Christine était une sorte d'échalas longiforme et asexué qui avait la démarche de Jacques Tati. Je ne l'ai jamais vue habillée autrement qu'en jeans et tee-shirts sortis tout droit du catalogue de la CAMIF. Elle s'épanouissait les jours de grève ou lors des manifestations qui accompagnent les suppressions de poste. La banderole, c'était sa robe de Dior, et les défilés dans les rues lui tenaient lieu de soirées de gala.

Gisèle ne pouvait s'inquiéter non plus du choix de Françoise qui enseignait l'histoire et la géographie. Vingt ans plus tôt, Françoise n'avait pas manqué d'attraits, mais l'âge était venu, le mari, les enfants, et depuis longtemps le souci de plaire avait cessé de la préoccuper. À la rigueur, Gisèle aurait pu me reprocher le choix d'Angéline, ma collègue de lettres classiques, qui avait succédé à Géraldine et à l'amateur de bicyclette. C'était une beauté souriante et charnue, de compagnie revigorante, et portée sur la bonne chère. Mais elle était mariée avec l'assureur de Vignerols, et formait avec lui un couple modèle qui ne donna jamais prise à l'impitoyable rumeur publique.

Côté moralité, mon équipe était donc à l'abri du moindre soupçon. Nous n'eûmes aucune peine à rassembler quarante-huit candidats au voyage, tous animés d'une ferveur soudaine pour l'étude du latin. Restait à préparer le dossier du PAE. (Projet d'action éducative). Je l'intitulai sobrement « Aux origines de la langue latine ». Quand on tient le titre, le reste coule de source.

Motivations : évidemment, pour cette rubrique, il valait mieux ruser.

Dépenses : je recopiai le devis présenté par Eurolangues.

Recettes : ne pas oublier d'écrire « parents d'élèves », car l'expression, plus institutionnelle, plaît davantage que « contribution demandée aux élèves ». D'ailleurs, l'école étant, depuis Jules Ferry, laïque, obligatoire, et gratuite, il est interdit de demander de l'argent aux élèves.

Enfin, j'inscrivis 20 % du budget à la rubrique « Subvention sollicitée ».

Divers menus frais, impossibles à chiffrer à l'avance, furent assurés grâce à la vente, avant les vacances de Noël, de cartes de vœux réalisées par les élèves et illustrées par un dessin de leur choix. La seule consigne était de faire figurer au recto ces deux phrases dont le clin d'œil cinématographique et littéraire n'échappera à personne :

« Quo vadis ?
– Eo Romam. » [1]

Pendant tout le premier trimestre et la moitié du second, ce fut l'effervescence dans les classes concernées

1. « Où vas-tu ? – Je vais à Rome. »

par l'expédition. Pas un cours ne se passait sans que nous soyons assaillis de questions :

« On verra le Colisée ? »

« Ils parlent encore latin, là-bas ? »

« Est-ce qu'il y aura des jeux électroniques à l'hôtel ? »

Au moment du départ, tandis que les élèves rassemblés devant le lycée grimpaient, à l'appel d'Angéline, un à un dans l'autobus, l'aube de mars me causa quelques frissons, pas seulement dus à la fraîcheur matinale. C'était mon premier voyage scolaire au-delà des frontières, et la responsabilité de quarante-huit élèves, même si je la partageais avec trois collègues, n'allait pas sans engendrer quelque inquiétude. Mais c'étaient de grands élèves (seconde et première), apparemment raisonnables, ce qui limitait les risques de dérapage.

L'agence nous avait envoyé un autobus de Toulouse dont le chauffeur, un petit coq brun, nerveux, malingre, à la moustache avantageuse, nous annonça que nous devions faire une halte à la cité des violettes afin de changer de véhicule, celui-ci étant trop fatigué pour supporter le voyage.

« Nous devions prendre le car qui arrivait de Londres, expliqua-t-il, mais il a eu du retard et il n'était pas encore là quand j'ai dû partir vous chercher. »

En fait de retard, voilà qui promettait. Nous devions être à l'auberge de jeunesse de Menton à dix-huit heures et ce contretemps hypothéquait dangereusement la précision de notre arrivée.

Enfin, après une heure de halte dans la banlieue toulousaine, les bagages déchargés puis rechargés, nous voguions à bord d'un autobus presque neuf quoique solidement imprégné des effluves âcres de la sueur des anglicistes qui y avaient passé la nuit.

À sept heures et demie du soir, sous les orangers déjà fleuris de la principale avenue de Menton, le gérant de l'auberge de jeunesse nous attendait, vêtu d'un treillis, à bord d'un fourgon Volkswagen. D'emblée, il mit les choses au clair : son établissement, installé au milieu d'un champ d'oliviers, garantissait une vue imprenable sur la côte méditerranéenne, mais on ne pouvait y accéder que par un chemin trop étroit pour les autobus. Il transporterait donc les sacs et les valises dans sa camionnette. Concernant les élèves et leurs dévoués accompagnateurs, c'était *« pedibus cum jambis »*, comme disait Cicéron. Et sur trois kilomètres pentus et tortueux. Quand on s'est levé à quatre heures et qu'on a treize heures de route dans les omoplates, voilà une nouvelle qui fait plaisir. Tout autant que celle qui suivit, du même acabit, lorsque nous eûmes terminé l'ascension :

« Je vous préviens, fit le gérant, ici, on n'est pas à l'hôtel (ça, on avait déjà compris !). Chez moi, tout le monde travaille. On vous prépare la tambouille, mais c'est vous qui mettez le couvert. Après le repas, vous débarrassez les tables et vous passez le balai. Pour la vaisselle, on a la machine ! » (ouf !)

Quelques soupirs bruissèrent.

« Inutile de rouspéter. On voit bien que vous n'avez

pas été à l'armée. Moi, j'ai fait huit ans d'Algérie, et des p'tits gars, j'en ai mis au pli, là-bas. Ici, c'est la vie de château ! Allez, ouste ! »

La nuit fut d'un calme monacal.

Le lendemain matin, après une descente de la colline au milieu des villas fleuries de bougainvilliers, aussi soulagée que si elle avait échappé à une embuscade dans le djebel, ma troupe de Gaulois reprit son chemin vers la conquête de Rome.

Au niveau de la succession de ponts et de tunnels qui font désormais le charme de la Riviera, le chauffeur, qui depuis le matin n'avait pas décroché sa moustache de la mâchoire inférieure, se saisit du micro et prit la parole.

« Bon, il faut que je vous dise : en voyage, on est tous copains. Avec les profs, on se tutoie et on s'appelle par nos prénoms. Moi, c'est Marcel. Et vous ? »

On ne discute pas les volontés d'un homme qui tient le volant et la destinée de cinquante-deux passagers sur des viaducs à flanc de montagne. Marie-Christine, Françoise, Angéline et moi-même déclinâmes aussitôt nos identités. Il parut satisfait de notre empressement.

« Avec les élèves, pareil : on se tutoie aussi ! Et on se rend service. Vous voyez cette porte au-dessous du levier de changement de vitesse, c'est le frigo de l'autobus : Coca, Schweppes, Banga. C'est dix francs la canette. Le bénéfice va à la caisse des chauffeurs d'autobus handicapés après un accident. »

Je hasardai un coup d'œil inquiet vers le précipice.

« Seulement, je ne peux pas à la fois conduire et vous servir. Il me faut un volontaire pour s'occuper du bar. »

Cet appel au dévouement fit lever d'un bond la pulpeuse Bernadette qui, malgré son prénom, n'avait rien de la petite bergère de Lourdes. Elle m'apparaissait plutôt comme une grenade sexuelle dégoupillée. L'exiguïté de ses vêtements, le tissu calculé au plus juste (tant pour la superficie que pour le volume), ne laissaient rien ignorer des galbes divers dont regorge le corps féminin. D'ailleurs, pour avoir eu Bernadette en classe deux ans de suite, je savais qu'elle ne tenait pas particulièrement à ce qu'on les ignore, ce qui lui valait un succès indiscutable auprès de ses camarades dès qu'ils commençaient à se sentir du poil au menton. Cette fille aurait dû faire du théâtre. Ses décolletés rebondis la désignaient pour jouer mieux que quiconque les servantes de Molière. Tout en elle trahissait la vitalité de sa chair.

Quand Bernadette se pencha, avec une admirable souplesse, sans plier ses genoux, vers la petite porte du frigo située au niveau de ses chevilles, un murmure de ravissement traversa l'habitacle du véhicule. Marcel, aux premières loges, n'en croyait pas ses yeux qui cessèrent alors de regarder la route. Il eut de la peine à avaler sa salive. Puis, face à la générosité si naturelle, si spontanée, de la volontaire, il lui demanda son prénom. Elle se redressa, une canette dans chaque main, et, la poitrine au ras de la moustache du commandant de bord, lui susurra un « Bernadette... » qui fit vrombir les cylindres du Berliet.

*

Le soleil commençait à décliner quand apparurent à l'horizon la silhouette encore lointaine et les clochers épars de la Ville Éternelle. Nous nous crûmes arrivés. C'était mal connaître Eurolangues qui nous avait logés à cinquante-cinq kilomètres en remontant vers le nord-ouest de la péninsule, en plein cœur de l'antique Étrurie. Nous eûmes ainsi le bonheur de parcourir, à la vitesse d'une légion épuisée rentrant d'une bataille, les boulevards de ceinture à l'heure de la sortie des bureaux et des usines. Il ne nous restait qu'à remonter le long de la côte, à l'écart des autoroutes, livrés à la fantaisie poétique des routes secondaires, et à nous mettre à la recherche de l'hôtel Lucrezia. Les mânes des Tarquins durent cependant nous être favorables car sur le coup de neuf heures, à « l'obscure clarté qui tombe des étoiles », l'hôtel nous apparut.

Le personnel s'apprêtait à quitter le service. Nous fûmes accueillis néanmoins avec toute la bienveillance péninsulaire, sustentés par de solides plats de pâtes pâteuses dont le format cylindrique, biseauté en bec de clarinette aux extrémités, ne m'était pas inconnu : en effet, on vendait les mêmes à la coopérative agricole de Vignerols, en paquets de cinq kilos, à destination des animaux domestiques. Au pays des pâtes, il ne me parut pas surprenant d'en manger au cours des quatre soirs où nous sommes restés dans cet hôtel. Ce qui m'étonna davantage, c'est que la direction n'eût pas songé à varier la forme oblongue et la préparation compacte qui paraissait être la spécialité de l'établissement. On aurait pu avoir des macaronis, des raviolis, des spaghettis... Au fromage, à la crème, en gratin, en salade... Mais non, ce fut à chaque fois la même recette, vaguement colorée de sauce tomate. En tout cas, on ne pouvait reprocher à la direction de nous laisser sortir de table avec faim.

La même fantaisie gastronomique émaillait les paniers-repas que nos hôtes nous préparaient chaque matin en prévision de notre pique-nique quotidien. Le mot « panier », en l'occurrence, était strictement métaphorique, puisqu'il s'agissait d'une poche de plastique dont nous déballions le contenu tantôt sur des fûts de colonne, tantôt sur le parvis d'une église, et il ne manque, à Rome, ni des unes, ni des autres. Non, ce qui nous manquait, c'était plutôt une feuille de laitue (romaine), ou une bouteille d'eau, le menu consistant invariablement en trois ronds de mortadelle entre deux tranches de pain de mie, un carré de gouda (italien) entre deux autres tranches de pain de mie, et, en guise de boisson, un flacon de quinze centilitres d'épais sirop de poire. Il n'était pas rare que nous éprouvions quelque mal à déglutir.

Eurolangues nous avait néanmoins prévu, en prime, un repas de midi dans un restaurant situé en plein centre de Rome. La perspective d'éviter ne serait-ce qu'une fois le gouda, la mortadelle et le pain de mie éveilla une grande espérance dans les profondeurs de nos estomacs en berne. Certains élèves se prirent à rêver à haute voix :

« Si ça se trouve, peut-être même qu'on aura des frites !... »

Cependant, la gargote retenue par l'agence devait appartenir à la même chaîne de restauration que l'hôtel Lucrezia, car, lorsque les plats apparurent, nous eûmes la divine surprise de reconnaître les pâtes cylindriques, taillées en bec de clarinette, qui faisaient, chaque soir, nos immuables délices.

Mais enfin, nous n'étions pas en voyage scolaire pour effectuer un circuit gastronomique, et les élèves eussent été en peine de citer un monument que nous aurions négligé : de l'arc de Titus au Colisée, du Capitole à la roche Tarpéienne, du palais Farnèse au Vatican, de Saint-Pierre à la presqu'île tibérine, ils en ont eu pour leur argent. La Rome des Césars n'eut plus de secrets pour eux : les thermes de Caracalla, le temple de Vesta, le mont Palatin...

Ah, le mont Palatin, sur le coup de six heures du soir, gravi au pas de course avant la fermeture, alors que nous venions de passer la demi-journée à Tivoli, sur les ruines de la villa d'Hadrien ! Nous avions eu juste le temps de sauter du car, de franchir les grilles du Forum, méprisant les exigences de la nature et les récriminations des élèves qui réclamaient une halte dans d'introuvables WC. Angéline rêvait d'accéder au sommet du mont, là où les archéologues ont mis au jour les cabanes datant de Romulus et Rémus. Jamais je ne les aurais crues si hautes, ces cabanes, et nos vessies n'étaient pas des montgolfières. Parfois, la rencontre d'un cyprès à la base étoffée, d'un buisson de myrte, d'une touffe de buis un peu dense, éveillait un espoir. Las ! À chaque fois surgissait un gardien, ou quelque touriste qui descendait du mont. Leurs regards culpabilisants nous dissuadaient de violer ces lieux sacrés. J'aurais bien donné dix colonnes doriques pour une vespasienne.

Sapés par les heures de marche et le fardeau des responsabilités, mes trois collègues et moi-même arrivions effondrés dans nos chambres, avec une envie farouche de sombrer au plus vite dans un sommeil réparateur. C'est là précisément que nos élèves s'éveillaient. Eux qu'il fallait secouer à longueur de journée, traîner par la manche, récupérer derrière les étals ambulants, affalés sur le bord d'un trottoir, la nuit les galvanisait. On eût dit que l'hôtel était hanté. Tantôt des coups violents retentissaient contre les cloisons, tantôt c'étaient des bruits diffus et insaisissables dont émergeaient par intervalles, des cris stridents et des rires sonores. L'affaire était délicate : comment parvenir à un indispensable repos sans sortir de nos chambres ?

« T'as vu le prof en pyjama ? »

Comment sévir sans dissuader les élèves de s'inscrire aux prochains voyages dont nous évoquions déjà l'éventualité probable pour les années à venir ?

Confrontée à ce dilemme cornélien, Mme Barouzit m'avait montré jadis la voie de la clémence.

Cependant la coupe déborda lorsque, après une série de feulements énigmatiques, je crus entendre un galop de chevaux sauvages traversant les couloirs. C'en était trop, je sortis furieux, bien décidé cette fois, quoi qu'il m'en coûte, à châtier les coupables. Je sautai au bas de mon lit, ouvris ma porte, et dans l'obscurité, je parvins à saisir une manche de liquette. Je me cramponnai à ma capture, la traînai vers l'interrupteur.

À la lumière, je reconnus Marion, la fille du médecin de Vignerols.

« Qu'est-ce que c'est que ce bazar ? Qu'est-ce qui se passe ? fis-je au comble de la fureur.

– Monsieur, monsieur... bafouilla-t-elle en proie à une étrange excitation, on est avec Claude François !

– ???

– !!!

– Quel... Claude François ?

– Ben... le chanteur ! »

J'eus comme un vertige. Restons calme. Cela faisait bien dix ans que Claude François avait quitté ce bas monde en bricolant une ampoule électrique dans sa baignoire.

Étais-je en train de rêver ? Les pâtes étaient-elles hallucinogènes ?

J'eus enfin l'explication. Histoire de se distraire, toute une chambrée, avec qui je venais d'étudier Victor Hugo juste avant notre départ, avait décidé de se livrer au passe-temps favori du patriarche de Guernesey : les tables tournantes. Au lieu de Jésus-Christ, Dante ou Shakespeare que l'auteur des *Misérables* recevait régulièrement sous son guéridon, mes élèves avaient décroché Claude François.

C'était une telle aubaine qu'ils avaient invité à la conversation toutes les chambres de l'étage.

Je m'avouai vaincu :

« Ah, si vous êtes avec Claude François, alors... »

Je relâchai ma téléphoniste, regagnai mon lit, calai ma tête sous l'oreiller, attendant que le sommeil se décide enfin à me délivrer de ce sabbat.

Cependant, j'avais d'autres raisons de passer des nuits blanches. Cette fois, ce n'étaient pas mes élèves qui en étaient la cause, mais notre chauffeur. Cet homme, avec qui nous étions maintenant à tu et à toi et dont nous n'ignorions rien désormais de l'intime existence, poussa la gentillesse à mon égard jusqu'à m'inviter systématiquement à prendre l'apéritif avec lui, chaque soir avant de nous mettre à table. Pendant que mes collègues se refaisaient une beauté dans le calme et le secret de leur chambre, il me conduisait au bar de l'hôtel, déclarait que j'étais le second chauffeur, et grâce à ce subterfuge, nous avions droit tous les deux à l'apéritif gratuit. Quand je dis « l'apéritif », je devrais employer le pluriel, car notre ami, malgré ses dimensions exiguës, avait une aptitude particulière à ingurgiter plusieurs grands verres à la suite. Je ne sais si le phénomène tenait aux premières tiédeurs du printemps, mais au fur et à mesure que le séjour avançait, il mangeait de moins en moins pendant les repas et consommait de plus en plus de Campari, de Martini, après s'être invariablement rincé la gorge avec deux pastis.

Le quatrième jour, il déclara qu'il ne supportait plus le café au lait du petit déjeuner. Cependant, il ne voulait pas démarrer l'estomac vide, et avala une ration de whisky avant de reprendre le volant. Cet en-cas lui donna une fougue sans pareille sur la route qui nous menait à Rome. Il doubla les camions, les autres autobus, et même les voitures. Tandis que les véhicules se frôlaient, j'apercevais les conducteurs italiens médusés. Eux que nous avions vus prendre la piazza Navone pour un circuit de Formule I, effectuer des rodéos sur les rives du Tibre, engager une course-poursuite autour du Colisée, la stupéfaction se lisait sur leurs visages.

Mais notre chauffeur m'inquiéta aussi pour d'autres raisons.

Au cours de notre troisième soirée en territoire étrusque, je le trouvai, après nos pâtes du soir, devant un verre de Marsala, en compagnie de Bernadette.

« Eh, m'interpella-t-il, c'est pas tout, ça ! On va pas passer tout le séjour à visiter des monuments ! Les scolaires, moi, je les emmène en boîte, la nuit. Et les profs avec ! »

J'avais beau me targuer d'une certaine ouverture d'esprit, sa proposition me paralysa la glotte. Il poussait le bouchon un peu loin, le Marcel. Ce n'était pas que les allées et venues nocturnes de mes élèves me laissassent profiter d'un sommeil particulièrement serein, mais je préférais encore qu'ils fissent la causette, la nuit, autour d'un guéridon, avec Claude François, plutôt que d'aller mener la dolce vita, en compagnie de Marcel, dans les bas quartiers de Rome.

J'opposai un non catégorique, et invitai mes élèves

à monter se coucher (j'évitai le mot « dormir » qui eût prêté à rire).

C'est alors que Bernadette pointa ses seins dans ma direction.

« M. Miradou, s'il vous plaît, je peux rester un moment avec Marcel ? Il veut qu'on fasse des photos... »

Décidément, ce n'était pas mon jour. Mon ordinateur portatif, placé entre mes deux oreilles, se mit illico à la recherche de la sémantique. « Faire des photos » : le chauffeur et Bernadette parlaient-ils du désir peut-être légitime de se photographier mutuellement, au bar, pour ramener des souvenirs à la maison ? Ou bien caressaient-ils, tous deux, le projet de réaliser, dans la chambre du chauffeur, des photos à caractère plus artistique ?

En proie au doute, j'éludai.

« Ça n'a pas l'air mauvais, dis-je, ce que vous buvez là. Je prendrais bien un verre avec vous. »

On me servit mon Marsala, que je fis durer longtemps, longtemps, espérant que la fatigue viendrait à bout de mes commensaux.

Tous les quarts d'heure, Marcel hélait le barman étrusque :

« Garçon, un autre ! »

Chaque verre semblait le ragaillardir. Soucieux d'honorer ma présence, et voyant peut-être mes paupières lourdes, il eut le savoir-vivre d'animer la conversation. Outre la photographie, c'était un amateur d'histoires drôles. Toutes du meilleur goût. Jusqu'à une heure du matin, il fut intarissable.

« C'est l'histoire d'une bonne sœur qui... »

« Vous savez pourquoi le pape porte une robe blanche ?... »

« Dans le confessionnal, y avait un curé... »

La proximité de Rome l'avait inspiré dans la veine religieuse. Bernadette s'esclaffait (sexclaffait ?) en agitant ses obus sous le nez de Marcel. À la table voisine, un quatuor de dames d'une école libre de Lisieux me lançait des regards scandalisés. Je buvais ma honte en sirotant mon Marsala.

Sur le coup d'une heure, je fis semblant de jeter un œil stupéfait sur ma montre :

« Bon sang, nous avons déjà largement passé minuit ! Ce n'est pas possible ! Allons, il faut nous coucher si nous voulons être en forme demain. »

Des paupières au bout des ongles empreint de courtoisie, je raccompagnai le chauffeur jusqu'à sa chambre, et Bernadette dans la sienne : la chambrée était en transe autour du guéridon. Sans doute avaient-ils pu joindre à nouveau le Caruso d'Alexandrie. Je pouvais dormir tranquille.

Ayant compris mon embarras, Marie-Christine, Françoise et Angéline se chargèrent, chaque soir, de conduire le gros de la troupe vers les étages, me déléguant la félicité de mener la conversation avec Bernadette et le chauffeur. J'avais le sentiment de faire don de ma personne à la moralité de l'Éducation nationale.

Franchement, mes trois collègues furent au-delà de

tout éloge, et je n'eus qu'à me réjouir de la pertinence de mon choix.

Sauf l'avant-dernier jour, où les relations entre ces dames se gâtèrent. Tandis qu'une fois encore j'ingurgitais un Marsala en compagnie de Marcel et de Bernadette, elles s'avisèrent qu'il serait élégant d'envoyer des cartes postales au personnel du lycée : une au proviseur, une au concierge, une au cuisinier qui nous avait préparé le repas du premier jour, une au factotum dont on a toujours besoin pour effectuer quelque réparation dans les classes, une aux présidents des fédérations de parents d'élèves (ça ne peut pas nuire), et plusieurs autres encore. Elles achetèrent le matériel à la réception et s'attelèrent au labeur avec une application touchante. Seuls quelques murmures témoignaient de leur présence discrète et d'échanges de bon aloi.

Soudain, le ton monta au point d'attirer mon attention. En tant que responsable du groupe, je ne pouvais me contenter de faire la sourde oreille. Je m'approchai, m'informant de la raison de ce qui me parut être un différend.

Angéline m'expliqua. Elle commençait à écrire la carte postale destinée au proviseur, lorsque Marie-Christine s'était indignée :

« Je suis la déléguée du syndicat majoritaire, c'est à moi de lui écrire. »

Froissée par la déclaration péremptoire de la syndicaliste, Angéline s'obstina. Marie-Christine haussa le ton. Le moment était venu de déployer mes talents de conciliateur. En matière d'autorité, j'avais de l'expérience avec Gisèle. Je m'étais si bien accoutumé à croiser le fer à la maison que, dans ce genre d'affrontements, j'aurais pu parer à la botte de Nevers.

« Angéline, fis-je en patelinant, l'idée de Marie-Christine n'est pas absurde. Laisse-lui écrire au proviseur : tu n'as qu'à te charger de la carte destinée au proviseur-adjoint, je m'aperçois que personne n'a pensé à lui. »

Angéline se soumit de mauvaise grâce, et Marie-Christine se saisit nerveusement de la carte que ses responsabilités lui commandaient de rédiger.

Je crus l'affaire arrangée. Je me trompais.

Quand Marie-Christine eut devant elle la missive qui avait suscité le drame, elle fut saisie du même tourment que celui de Mallarmé face à l'accouchement d'un poème : le vertige de la page blanche. Elle tritura le carton, porta le stylo à ses lèvres, le mordit, griffonna un mot, le raya, en essaya un autre, le barra à son tour, puis se leva de sa chaise avec l'élan superbe d'une diva outragée :

« Puisque c'est ça, je vais me coucher ! Vous n'avez qu'à vous débrouiller toutes seules ! »

Je ne le jurerais pas, mais il me semble même qu'elle avait dit « Vous n'avez qu'à vous débrouiller tout seuls », me rangeant ainsi parmi les fauteurs de lèse-majesté.

Vexées, Angéline et Françoise quittèrent la table à leur tour :

« Ah, c'est trop fort ! Si elle croit qu'on va se taper le boulot à sa place ! »

Et elles me laissèrent en tête à tête avec la tâche qu'elles venaient de commencer : il y eut quelque chose d'émouvant dans leur refus de céder à la dictature.

Ce soir-là, j'eus du moins la consolation d'échapper aux blagues salaces de Marcel. Sans le quitter des yeux, m'assurant que Bernadette et lui ne cherchaient pas à s'éloigner pour « faire des photos », j'écrivis, l'une après l'autre, toutes les cartes postales dont ces dames avaient eu la délicatesse, avant de me quitter, de garnir la partie droite, réservée aux adresses.

VII

George, Casimir, Alfred, Lorenzaccio et les autres

C'est une halte, sur l'itinéraire du retour, qui me suggéra l'idée d'un deuxième voyage en Italie pour l'année suivante. Il faut reconnaître que les autoroutes ont parfois le don de révéler un paysage que les voies traditionnelles occultaient jusque-là. Comme un rideau de douche que l'on ouvre par inadvertance et qui dévoile une superbe nudité. Dans mon enfance, bloqués par les embouteillages le long des rues de la ville basse, à peine distinguions-nous la majestueuse Cité de Carcassonne. Et puis l'autoroute contourna l'ensemble urbain moderne, se fraya un tracé à travers les champs, et la citadelle restaurée par Viollet-le-Duc apparut à tous telle que seuls les photographes errant parmi les garrigues parvenaient à en saisir l'image.

Il en est de même à Florence. Au détour d'une boucle ascendante, l'« autopista » débouche sur ce qui paraît être une fresque peinte dans le ciel : le Ponte-Vecchio, l'Arno, la double enfilade de la Galerie des Offices, les dorures du Duomo, les campaniles de marbre blanc, la ville entière jaillit du paysage. Toute la splendeur de

Florence était baignée, ce matin-là, de l'incomparable lumière toscane qui rehausse l'ocre des toits et l'or des palais. Je fis le serment que nous reviendrions ici au printemps prochain, quand la ville n'est pas encore livrée à la horde des envahisseurs estivaux.

Le problème était de trouver un Projet d'action éducative susceptible de fournir un alibi. Je songeai bien, au cours de l'été, à établir un parallèle entre les remparts de Vignerols (vierges, eux, de toute intervention de Viollet-le-Duc) et ceux de Lucques ou de San Giminiano. Cependant, l'idée manquait de consistance, et surtout de crédibilité. Tout l'été, je sollicitai en vain ma matière grise.

C'est une lecture d'Angéline qui, le jour de la prérentrée, opéra le déclic. La pré-rentrée, c'est un truc qui a été inventé juste avant les années 80 pour faire plaisir à tous ceux qui se plaignent que les vacances des enseignants sont trop longues. Alors on les leur a rognées un peu, les vacances, aux enseignants. On les a fait venir deux jours avant les élèves. Deux jours de palabres où le personnel administratif trône comme à la tribune d'un meeting. Deux jours où chacun se présente, où il faut écouter le rappel du règlement intérieur, où l'on ne vous épargne rien des résultats obtenus au bac et au brevet par votre établissement :

« Nous devons regretter une baisse de pourcentage de reçus au brevet, ce qui nous place presque à la fin des collèges du département. Cependant, compte tenu du contexte sociologique de notre recrutement, ce ne sont pas des résultats dont nous ayons à rougir. En revanche, pour le bac, nous sommes en légère progression »... etc.

Et l'après-midi, quand le soleil de septembre cogne sur les murailles du XIIIe siècle, ce sont les réunions par matières, particulièrement folkloriques en lettres où l'on tente toujours vainement de s'harmoniser sur le choix des lectures :

« Cette année, on pourrait étudier *Le Bourgeois gentilhomme* en 4e.

– Moi, je ne peux pas, je l'ai déjà étudié en 5e l'an dernier. De toute façon, c'est une pièce qui ne passe plus du tout.

– Pourquoi pas Balzac ? C'est vrai ça, il a écrit une pièce, *Le Faiseur*, qui est excellente, et que l'on n'étudie jamais.

– Oui, mais justement parce qu'on ne l'étudie jamais, on n'en trouve aucune édition dans les collections à bon marché.

– Bon, alors, on fait *L'Avare*, comme d'habitude ? »

Eh oui, comme d'habitude. Il faut bien que le rapport remis au proviseur donne l'illusion d'une concertation réussie.

J'ai toujours envié le professeur de philosophie, celui de musique ou d'arts plastiques qui, seuls dans leur discipline, n'ont à se concerter qu'avec eux-mêmes. Il est vrai qu'une fois la réunion finie, l'indépendance d'esprit qui caractérise les professeurs de lettres s'est toujours empressée de reprendre le dessus au plus vite.

Quelle que soit l'œuvre pour laquelle nous avions fini par opter, nul n'a manqué de revenir à ses plaisirs solitaires, et d'étudier, avec ses élèves, dans l'intimité de sa classe, le roman ou la pièce de théâtre dont il avait envie. Après tout, ce n'est qu'après avoir pratiqué ses élèves durant quelques semaines qu'on peut juger s'il leur vaut mieux Pagnol ou Victor Hugo, Molière ou Courteline.

Bref, pour tuer le temps au cours de ces réunions fertiles, Angéline lisait un ouvrage consacré à la cuisine de George Sand. L'auteur de *La Mare au diable*, la torride séductrice qui coucha dans son lit la plupart des sommités artistiques du XIXe siècle, avait achevé les dernières années de son existence en mémé-confiture.

George Sand... Bon sang mais c'est bien sûr comme disait le commissaire à la télé ! Je le tenais mon PAE ! Avant de prendre son pseudonyme ambigu et d'entamer la carrière littéraire et amoureuse que l'on sait, Aurore Dupin avait épousé un hobereau du voisinage de Vignerols, le baron Casimir Dudevant. Pauvre époux dont la femme s'avisa bientôt de s'appeler « George ». Sans « s », mais tout de même !... Sous le Second Empire, Casimir se mit en tête de réclamer la Légion d'honneur en raison de la complaisance qu'il avait manifestée.

« M'étant gardé d'interrompre la carrière amoureuse de ma femme, j'ai bien mérité de la littérature française et de la nation tout entière », écrivit-il aux autorités compétentes.

Faire état de sa situation de cocu pour solliciter le ruban rouge, l'idée ne manquait pas d'originalité. Napoléon III, lui, manquait sans doute d'humour car il refusa la décoration au mari bafoué.

Qu'importe, je tenais le filon : George Sand-Musset, Musset-*Lorenzaccio, Lorenzaccio*-Florence. D'autant plus que pour écrire son drame florentin, Musset justement s'était inspiré d'une pièce de la belle George intitulée *Une Conspiration en 1537*. Il ne me restait plus qu'à creuser, à intégrer *Lorenzaccio* à mon programme de première, et à l'inscrire dans mon Projet d'action éducative.

Pas rancunier, je contactai de nouveau Eurolangues, tout en ayant pris soin de m'adresser moi-même à l'entreprise d'autobus Remon, de Vignerols, afin de m'assurer, au préalable, de la moralité du pilote. L'expérience toulousaine, le chauffeur moustachu et les horaires fantaisistes du car en provenance de l'Albion ne m'avaient pas laissé un goût de revenez-y sur les papilles.

Eurolangues nous fit faire la même halte à Menton, dans la même auberge de jeunesse, toujours aussi difficilement accessible, et où nous rencontrâmes, cette fois encore, l'ineffable aubergiste et ses souvenirs du djebel. Si la fraîcheur de mars nous avait incités à charger nos bagages de pulls et de chandails, la Riviera se révéla carrément printanière.

On étouffait dans l'autobus.

Florence étant beaucoup moins éloignée que Rome,

je décidai d'accorder à mes collègues et à mes élèves une halte à Pise. Avant même d'aller vérifier de près l'inclinaison de la tour, les ouailles et leurs bergères se ruèrent sur les bazars qui s'agglutinent contre le mur d'enceinte. Quand j'eus accompagné notre chauffeur sur le parking, je les rejoignis. La chaleur s'amplifiant derrière les épaisses murailles, ils avaient trouvé l'occasion de se vêtir légèrement sans ouvrir les valises entassées au fond des soutes : les étals des camelots regorgeaient de tee-shirts Lacoste. Trois heures après avoir franchi la frontière, nous ne maîtrisions pas encore les subtilités du change, et le prix leur ayant paru intéressant, il n'y eut pas un élève qui ne se lançât dans l'acquisition d'une chemisette. Tout à l'ivresse de notre odyssée, Marie-Christine, Françoise, Angéline et moi-même cédâmes à l'appel des sirènes. Cependant personne ne remarqua, avant de remonter dans l'autobus, que le crocodile, au lieu de trôner noblement au sommet de la cage thoracique, avait été cousu quinze centimètres plus bas, au niveau de la rate. Il fallut admettre que nous avions été victimes de contrefaçons, et que nous avions investi, sans le savoir, dans de faux tee-shirts Lacoste, dont le prix, tout bien calculé, se révéla plus cher que celui des vrais.

*

Selon son habitude, Eurolangues nous logea à près de cent kilomètres et à une heure et demie de notre lieu de destination. C'était à Montecatini, une station thermale peu fréquentée en cette saison. Quoique la ville fût située aux abords d'une zone montagneuse, c'est sous une chaleur d'été que nous y pénétrâmes. L'avenue principale n'avait certainement pas vu autant de touristes à la fois depuis la Belle Époque. De ce temps-là dataient sans doute aussi notre hôtel, son confort vétuste et son décor suranné. C'était là le charme d'Eurolangues, avec ses trouvailles toujours inattendues.

La douceur estivale de la nuit incitait à une promenade à travers les rues de la ville. Mes élèves vinrent me solliciter, mais je fus inflexible : on ne lâche pas ainsi quarante-huit adolescents, même dans une cité d'apparence paisible.

Un peu contrariés, ils regagnèrent sagement leurs chambres. Notre chauffeur était un homme discret qui partit sagement se coucher, lui aussi, sans demander qu'on se tutoie de but en blanc. Avec mes trois collègues, nous nous accordâmes le luxe de musarder au bar de l'hôtel. Nul ne parlait d'envoyer des cartes postales à Vignerols. La mésaventure étrusque avait servi de leçon. Nous étions là, depuis une heure, à peaufiner le programme de nos visites, sirotant une « grappa » des Abruzzes et dégustant quelques coupes de glace granitées au chocolat et aux raisins.

Mais aussi savoureuse soit la coupe, la lie reste toujours au fond du calice. Soudain le patron accourut vers nous, la mine affolée, baragouinant et gesticulant. Ni mes collègues ni moi ne parvînmes à saisir le motif de son affolement. À bout de ressources, il me conduisit dans la rue afin que je puisse juger moi-même. Nos élèves, peu enclins cette fois aux ivresses des tables tournantes, s'étaient trouvé, pour meubler leur soirée, une amusante distraction. Après avoir rempli d'eau des capotes anglaises, les dilatant au point de leur donner l'allure de ballons de rugby, ils en bombardaient les promeneurs nocturnes qui passaient sous les fenêtres de l'hôtel.

Je me gardai bien de leur demander la raison qui les avait poussés à se munir de ce matériel. Les étapes de notre voyage étaient clairement marquées sur les programmes que je leur avais distribués. Quelque linguiste en herbe avait-il supputé que le nom de Montecatini présageait des réjouissances dont les Médicis étaient friands ? Avaient-ils bénéficié des leçons de Gilberte et de ses exercices sur le manche à balai quelques années plus tôt ?

L'heure n'était pas à l'enquête. Je les sermonnai sans ménagement :

« Bravo ! On se décarcasse à vous organiser des voyages culturels, et voilà ce que vous faites ! En plus, quelle idée auront les Italiens de l'éducation française et de la moralité de nos établissements ! »

Le châtiment serait à la mesure du délit : pas un musée, pas une église de Florence, pas un couvent ne leur seraient épargnés. Les Offices, l'église Santa-Croce, le Duomo, le tombeau des Médicis, le palais Pitti, les jardins de Boboli, le Baptistère, le couvent de l'Annonciade, ils n'y couperaient pas.

Conscients de la gravité de leur dévergondage, aucun des quarante-huit élèves n'osa soulever une objection. Les horaires italiens mirent cependant un frein à mes ardeurs de visite. Martine Aubry et ses trente-cinq heures peuvent aller se rhabiller : les gardiens de monuments historiques italiens avaient inventé, dès cette époque, la semaine de vingt heures. Passé midi, la plupart des musées fermaient leurs portes. C'est ainsi que Françoise ayant décidé de visiter le Musée étrusque en souvenir de notre voyage précédent, nous trouvâmes porte close à treize heures. L'affaire était contrariante : le guide Michelin annonçait, à l'intérieur du musée, un joli cloître propice à un pique-nique épanoui, et je me réservais d'en faire la surprise à mes troupes. C'était raté.

À défaut du cloître, il nous restait l'austérité monacale. Nous dûmes nous replier sur les bords de l'Arno et nous résigner à consommer notre panier-repas contre un parapet.

La dernière bouchée laborieusement avalée, nous errâmes le long du ponte Vecchio, sur la place de la Seigneurie, devant les façades des palais, arpentant les trottoirs, entrant dans toutes les églises ouvertes qui se trouvaient sur notre passage, remettant au lendemain matin la visite des Offices et de l'Annonciade.

La température s'était subitement refroidie. Un vent du nord rendait les rues glaciales. Nous commencions à sentir nos jambes lourdes et les faux Lacoste bien légers sur nos épaules. Le ciel s'obscurcit comme à l'approche d'un orage. Très vite, les collines qui dominent Florence s'ouatèrent de neige.

Soudain, je ne sais quelle intuition me mit la puce à l'oreille. J'éprouvais l'impression vague que ma troupe s'était amenuisée. Sur le parvis de Santa Croce, je décidai de procéder à l'appel : il me manquait quatre élèves. Fabrice, le fils du professeur de mathématiques, Samuel, le fils de ma voisine, Pascal et Damien dont les parents étaient d'honorables commerçants de Vignerols. Où s'étaient-ils égarés depuis deux heures que nous errions ?

Des idées sombres me traversèrent l'esprit. Avaient-ils été kidnappés par les Brigades rouges ? Par la mafia ?

Affolé, j'entraînai le restant du groupe vers le commissariat. Quatre carabiniers nous reçurent courtoisement. Non, ils n'avaient entendu parler d'aucun enlèvement, ni de jeunes Français perdus dans la ville. Rien d'anormal ne leur avait été signalé.

Sur les hauteurs de Fiesole, un rideau de flocons grisâtres faisait paraître le ciel plus noir encore. Je me voyais rentrant piteusement à Vignerols, livré à la vindicte populaire. Mes collègues ne se montraient guère plus optimistes. Comme le couple de Maupassant en quête de la parure égarée, nous parcourûmes en sens inverse l'itinéraire suivi, revisitâmes les églises une à une. Puis nous entreprîmes de scruter les rives de l'Arno que balayaient des lames de vent glacées. Nous jetions des coups d'œil anxieux sur le fleuve que les reflets du ciel rendaient sinistre et dont les flots devenus tumultueux semblaient charrier des formes humaines.

Épuisés, il fallut nous résigner à regagner l'autobus, et à attendre. Nous interrogions les agents de police qui passaient, téléphonions tous les quarts d'heure au commissariat, depuis une cabine. Toujours rien.

Nous approchions de six heures et la nuit commençait à tomber. Un homme à la mine suspecte s'arrêta devant l'autobus.

« Ça y est, me dis-je. Voilà un émissaire des kidnappeurs. On nous l'envoie pour négocier. »

Lorsque s'ouvrit la porte latérale du véhicule et que je m'apprêtai à descendre, l'homme avait disparu. Fausse piste.

Il allait falloir rentrer à l'hôtel de Montecatini. J'en avais donné le numéro de téléphone aux carabiniers. On nous appellerait s'il y avait du nouveau.

Tout à coup, à la lueur d'un réverbère, j'aperçus quatre silhouettes, encore éloignées, qui se dirigeaient vers nous. Des bras s'agitèrent. J'écarquillai mes quinquets ébaubis. C'était eux !

Leurs voix étaient hoquetantes, leurs poitrines haletantes, leurs épaules chancelantes. Bref, ils avaient eu, eux aussi, une sacrée trouille.

Leur soulagement était aussi vif que le nôtre.

« Voilà, expliqua Fabrice, quand on est arrivés tous ensemble dans le hall du musée, on a décidé de vous laisser et d'aller faire un tour en ville pendant la visite... »

Tout simplement.

Ils avaient voulu feinter les tessons étrusques et s'étaient imaginé que leur escapade passerait inaperçue.

Il leur suffisait de revenir une heure plus tard quand la visite serait achevée. Savourant leur liberté comme la chèvre de M. Seguin dans la montagne, ils avaient déambulé d'une rue à l'autre, réalisé quelques emplettes, et à l'heure présumée de notre sortie, étaient venus nous rejoindre devant le musée. Ne nous voyant pas, ils avaient regardé la porte fermée, et lu le panneau des horaires, se rendant compte alors, mais un peu tard, de leur méprise.

L'inquiétude nous avait tous bouleversés. Elle avait aussi bouleversé le chauffeur. Il se trouva tellement troublé, à la sortie de Florence, qu'il rata une bifurcation. Pendant que chacun se remémorait et commentait l'aventure qui avait marqué la journée, l'autobus s'engagea sur les collines de Toscane, grimpant des routes en lacets. Tiens, nous n'avions pas remarqué que notre station thermale se trouvait à ce point sur les hauteurs. Nous attribuâmes à la présence de la neige cet aspect nouveau qu'avait pris le paysage entrevu la veille. C'étaient des cols étroits que pas un panneau indicateur n'encombrait. Sur les accotements, la neige devenait de plus en plus épaisse. Elle avait cessé de tomber, mais au fur et à mesure que nous grimpions, le bitume lui-même blanchissait peu à peu dans la nuit.

Soudain, le car s'arrêta à un croisement. Aucune des directions, enfin indiquées, ne correspondait à la nôtre. Le chauffeur, perplexe, déplia sa carte, la consulta d'une mine déconfite. Nous étions stationnés près d'un hôtel abandonné. *Psychose !* Le motel du film d'Hitchcock me sauta à l'esprit. Près de quel repaire de tueurs psychotiques étions-nous échoués ?

Le car rebroussa chemin, redescendit les collines, erra longtemps encore. Il était presque dix heures quand il nous ramena enfin à Montecatini, dans nos pénates. La journée avait été éprouvante. Élèves et professeurs montèrent se coucher dès que furent avalées les pâtes refroidies. Nos chambres sans chauffage n'incitaient guère aux fantaisies nocturnes. La répression durement engagée avait dissuadé de jouer au handball avec les capotes anglaises. Chacun s'endormit avec une angélique docilité.

Le retour du voyage s'effectua par un froid presque polaire. Au-dessus de la Riviera, les montagnes qui surplombent la mer étaient blanchies par la couche neigeuse. La nuit de notre arrivée à Vignerols, la température descendit jusqu'à moins dix degrés.

Les arbres, trompés par le printemps précoce, avaient revêtu, tout au long du mois de mars, leur parure d'été. La vigne s'était crue en mai. La veille de notre départ, j'avais parcouru les rangs, admiré l'éclosion des bouquets sur les ceps.

Au matin, toutes les feuilles étaient devenues comme une gélatine sale. Les minuscules sarments, déjà ébauchés, gisaient, flasques, sur les calles rugueux.

Mon père approchait de ses soixante-dix ans. J'avais admiré les efforts qu'il avait apportés à la réfection de son vignoble, avec l'aide de Georges, notre employé. Nous ne vendangerions pas cette année, ou si peu.

Je mesurai sa déception. À l'âge où d'autres ont pris leur retraite depuis longtemps, loué ou vendu leurs terres, il avait fait de son Quinarit un vin reconnu. Sans titre pompeux de château ou de domaine, la sonorité guillerette de l'appellation, l'indiscutable talent dont il avait apporté la preuve, s'étaient conjugués pour en assurer le succès. Un atelier de mise en bouteilles lui permettait de maîtriser sa production, de la récolte jusqu'à la mise en vente. Les supermarchés de la région garantissaient l'essentiel de ses débouchés, mais il vendait aussi aux particuliers, de plus en plus nombreux. Un petit bureau en bois de tilleul, relégué au grenier depuis des lustres, avait repris du service à l'entrée du chai. C'est là que ma mère recevait les clients, établissait les factures, remplissait les formalités pour le transport.

Ils auraient moins de vin à vendre dans les deux années à venir. Les clients risquaient de perdre l'habitude de se ravitailler ici. Peut-être même iraient-ils chercher ailleurs leurs cartons de bouteilles.

Oui, mon père et ma mère étaient bien tristes au lendemain de cette gelée.

J'eus, ce jour-là, un peu honte de mes escapades scolaires.

VIII

À Berlin ! À Berlin !

Gisèle n'aimait pas le vin. C'était son droit le plus absolu. Et en matière de droit, elle s'y connaissait. Elle se connaissait d'ailleurs à peu près en tout, Gisèle. Je la laissais avec le garagiste, elle lui apprenait la mécanique. Elle dictait les ordonnances au médecin. À l'ambassadeur, elle eût appris la diplomatie, et l'art de la guerre à un général. Mais l'agriculture la laissait indifférente, à moins qu'il ne s'agisse d'établir un acte de vente ou un bail d'affermage. Peut-être était-ce sa façon de renier une jeunesse paysanne qu'elle n'avait pas aimée. Jamais cependant elle ne me reprocha mes jours de liberté passés à la vigne de mon père. Souvent d'ailleurs, elle rentrait de l'étude plus tard que moi, et ne se souciait guère de la façon dont j'avais occupé ma journée.

Je consacrais la plupart de mes longues soirées à préparer mes cours, à corriger des copies. Ce n'était pas sans volupté que, la table de la cuisine débarrassée, je veillais jusqu'à des heures déraisonnables, l'hiver, accomplissant mon travail devant la cheminée où se consumaient de vieux ceps de vigne. Il m'arrivait, en automne, de m'interrompre quelques instants pour faire griller quelques châtaignes sur les braises. À la belle saison, je m'installais dehors, sous le grand marronnier qui protège la maison des trop fortes chaleurs, et là, tant que la lumière de mai ou de juin me le permettait, mes yeux continuaient à lire, mes doigts guidaient le stylo sur les marges. Si c'était nécessaire, je m'éveillais tôt le matin pour achever ce que je n'avais pu finir la veille. Tout au long de mon existence, je n'ai consacré que peu d'heures au sommeil. Déjà, lorsque j'étais enfant, ma mère se désespérait que je ne dorme pas davantage.

Aider mon père me paraissait aussi un devoir. Il n'avait pas d'autre fils, j'étais revenu au pays, et il était naturel que je lui apporte mon aide pendant mes loisirs. Pour autant, ce devoir ne m'était pas pénible. Tandis que mes collègues s'inscrivaient à des clubs de tennis, parcouraient à vélo les routes du département, je trouvais du bonheur à travailler dans les vignes en sa compagnie. Il savait bien pourtant que ma vie n'était pas là, que j'avais un autre métier, et que le jour où il ne serait plus en mesure de conduire son exploitation, je ne prendrais pas la relève. Autrefois, ma mère et lui m'avaient poussé à être fonctionnaire : pas de grêle, pas de gelées, le salaire qui tombe à la fin du mois.

Le gel de ce mois d'avril venait de me confirmer que j'avais eu raison de suivre leurs conseils, et que j'avais effectué le bon choix.

Certes, en matière de pédagogie, les directives ministérielles s'ingéniaient à nous empoisonner l'existence et à rendre compliqué ce qui était simple, émanations de cuistres entichés de vocabulaires pédants, parfaitement imperméables aux réalités quotidiennes. C'était l'ordinateur de Stanley Kubrick dans *2001 Odyssée de l'espace*, sourd aux observations des modestes pilotes de base, obstiné dans sa fuite en avant vers les mirages sidéraux. Mais on trouvait toujours le moyen de biaiser, de parvenir à instruire nos élèves en dépit des élucubrations à la mode.

Et puis il y avait les voyages scolaires. C'était comme l'élixir du père Gaucher : non seulement la divine liqueur avait ensoleillé sa vie monacale, mais dès qu'il venait d'en lamper un verre, la tentation de la rasade suivante se mettait à le harceler. Ainsi, à peine étais-je revenu d'une expédition qu'un projet nouveau pointait le bout de son nez.

La vigne, abîmée par la gelée, me laissa davantage de loisirs au cours de l'été. La chute du mur de Berlin avait ébranlé le monde et les anciennes certitudes. La télévision, les journaux, nous abreuvaient de la ville libérée, transformée par des bouleversements qui marqueraient l'histoire. Je voulus profiter de mon été tranquille pour partir avec Gisèle observer de mes yeux ce qui se passait là-bas.

« Tu n'y penses pas, Paul ! me répondit-elle. Avec le nouveau lotissement qui vient de se créer à Vignerols, on est débordés de travail à l'étude. Je ne sais même pas si je pourrais prendre mes congés d'ici la fin de l'année. Il faudra bien pourtant que j'en prenne pour retourner à Toulouse suivre mes cours à la fac. »

La « fac » : ça claquait entre ses lèvres à la façon du coup de fouet d'un dompteur. Elle aimait exhiber ce mot en qui elle voyait l'emblème de sa promotion sociale. Il est des nouveaux riches du savoir comme il en est de la fortune. La « fac », c'était la Rolls de Gisèle, sa Rolex, sa piscine.

Parvenue à l'âge où la plupart des femmes se mettent à épaissir, Gisèle se ratatinait. De petite taille, mais replète quand je l'avais connue, elle rétrécissait à mesure que son esprit continuait à s'élargir. Ce devait être un phénomène de vases communicants. Cependant elle compensait cette exiguïté croissante par le faciès intransigeant des femmes qui accèdent aux responsabilités.

Concernant Berlin, un graphique ne me fut pas nécessaire pour m'aider à comprendre qu'il était superflu d'insister. Allais-je partir seul, avec ma voiture, vers une ville située à presque deux mille kilomètres ? Cette perspective ne me réjouissait guère.

La seule solution qui s'offrait à moi était une fois encore le voyage scolaire. J'eus tout le loisir, au cours de l'été, de me torturer les méninges pour trouver à cette nouvelle expédition pédagogique un alibi présentable.

C'est Voltaire qui, cette fois, me tira de l'embarras. On ne dira jamais assez les ressources que nous offre la littérature. Voltaire et son voyage à Berlin auprès de Frédéric de Prusse. Pour donner plus de crédibilité au volet culturel du dossier, nous ferions une halte à Ferney, ce qui paraissait constituer un détour raisonnable.

Cependant, si avec deux mots de latin, quatre de gascon, je parvenais à me faire comprendre en Italie, je devais prendre des dispositions adéquates avant de m'embarquer en Allemagne. Comme j'ignorais tout de la langue de Goethe et que mes accompagnatrices habituelles étaient affligées de la même lacune linguistique, je pris la décision d'emmener avec nous un professeur d'allemand. Le nombre des places à bord de l'autobus n'étant pas extensible, je me trouvai dans la nécessité de congédier l'une de celles qui m'avaient secondé jusque-là. Avouerai-je que ce fut une excellente occasion de me débarrasser de Marie-Christine ? Outre que son troisième divorce la rendait particulièrement dépressive, elle s'obstinait à photographier l'intérieur des monuments, les tableaux des musées, les fresques de couvents malgré les interdictions dûment formulées. Dès qu'un gardien la voyait armer son appareil, il levait les bras et s'écriait :

« *Proibito ! Proibito, signorina !* »[1]

Clic !

« Trop tard », faisait Marie-Christine.

Le flash illuminait les tableaux ou les fresques, et cela nous valait à chaque fois une altercation avec le responsable du personnel ou le conservateur du musée. J'avais beau essayer de la raisonner, rien n'y faisait. Clic ! « Trop tard ! » Et, le délit consommé, elle rangeait l'appareil dans son sac, prête à recommencer la manœuvre. J'avais

1. « Défendu ! Défendu, mademoiselle ! »

déjà assez de mal à surveiller les élèves, il était éprouvant de jeter sans cesse un œil sur ma collègue. Certes, elle avait cessé de nous empoisonner les fins de séjour avec sa lubie d'envoyer une carte au proviseur, mais en matière de règlement, elle ne se pliait qu'à des consignes syndicales.

Limogée, Marie-Christine ! Je pris la décision sans l'ombre d'un regret. Elle aurait désormais tout le loisir de s'occuper de son divorce. De toute façon le Parti socialiste était au plus bas dans les sondages, et les relations qu'y avait tissées la déléguée syndicale me paraissaient désormais de moins en moins intéressantes.

Je sollicitai Marguerite, professeur d'allemand nommée à Vignerols depuis la rentrée précédente. Elle serait notre interprète, l'affaire était bouclée. Dès la fin octobre je remis au proviseur un projet pompeusement intitulé : « De Ferney à Berlin, sur les traces de Voltaire ».

Pour ce qui est de l'agence, mes déboires passés ne m'avaient sans doute pas suffisamment servi de leçon, car j'eus recours, cette fois encore, à Eurolangues.

« Berlin ? Pas de problèmes ! » avait répondu la charmante voix au téléphone.

Comme l'année précédente, je me réservai néanmoins le choix de l'entreprise locale de transports afin d'éviter les déconvenues que j'avais connues chez les Étrusques. Pour ce qui est de la date, nous nous déterminâmes en faveur de la semaine précédant les vacances de Pâques afin que les élèves puissent profiter de leurs congés pour se remettre du voyage.

Je dois reconnaître que les inscriptions ne suscitèrent pas le même empressement qu'au cours des deux années précédentes. Les parents se méfiaient-ils d'une situation politique pas encore totalement stabilisée ? Gardaient-ils une vieille rancune aux Prussiens dont le séjour à Vignerols, quarante ans plus tôt, n'avait pas laissé que des souvenirs enchanteurs ? À deux mois du départ, nous n'avions toujours pas fait le plein, et je dus faire appel, indistinctement, aux classes du collège et à celles du lycée pour mener à bien mon entreprise.

*

Quand, au bout de six heures de route, après avoir bifurqué vers la vallée du Rhône et suivi le fleuve en direction de la frontière suisse, le car nous eut déposés devant la demeure où l'auteur de *Candide* était venu (faire) cultiver son jardin, il nous fallut subir notre première déconvenue. Nous apprîmes que le château était la propriété d'une Américaine qui en exigeait la fermeture durant dix mois de l'année. En avril, Voltaire était fermé. *Closed, chiuso, cerrado, geshlossen.* Merci, Eurolangues, de vous être si bien renseignés !

Nous dûmes nous contenter de regarder la thébaïde du grand homme par les grilles de l'entrée, et d'errer le long du parc afin de justifier le détour. C'était doublement dommage, car le vent du nord s'était mis de la partie et un repli vers les salons eût été le bienvenu.

Pas exigeants, ni frileux, les élèves se consolèrent en photographiant d'abondance la statue du philosophe sur la place principale de la ville, ainsi que les nombreuses boutiques et enseignes portant son nom : garage Voltaire, pressing Voltaire, boucherie Voltaire, imprimerie Voltaire, cinéma Voltaire, café Voltaire, auto-école Voltaire... J'eus beau expliquer que Voltaire était célibataire et se contentait de lutiner sa nièce, la plupart restèrent persuadés qu'il s'agissait de ses descendants.

Le soir approchait, nous devions songer d'urgence à notre hébergement pour la nuit. Eurolangues nous avait logés dans une auberge de jeunesse au col de la Faucille. A priori l'endroit m'inspirait confiance. Il me rappelait mes livres de géographie au temps de mon école primaire :

« Au nord de Gex, le col de la Faucille, avec ses 1 323 mètres d'altitude, est un des plus élevés de la chaîne du Jura. »

C'est un nom qui m'avait toujours plu, le col de la Faucille. Il évoquait l'instrument familier que mon père utilisait pour écimer la vigne. Plus tard, c'est à lui que je pensais en lisant la dernière strophe de *Booz endormi* : pour moi, la « faucille d'or dans le champ des étoiles », c'était le col de la Faucille escaladant la chaîne du Jura et grimpant vers le ciel.

Ce que n'avait pas prévu Eurolangues, qui décidément ne prévoyait pas grand-chose, c'est qu'en avril les chutes de neige y sont fréquentes. Le froid qui nous avait saisis devant les grilles du château n'était pas arrivé par hasard. Dès les premiers virages du col, des flocons drus et réguliers se mirent à dégringoler. La température aussi. Décidément, nous étions voués aux joies de la belle blanche.

Passés les mille mètres d'altitude, le car dut s'arrêter à une station-service pour louer des chaînes. Tous ceux qui, lors d'une virée aux sports d'hiver, ont dû installer ces serpentins métalliques sur les pneus de leur voiture pourront mesurer ce que fut l'opération sur les roues de l'autobus. Dans notre Gascogne où, en règle générale, la neige se réduit à quelques flocons qui saupoudrent chichement le paysage quelques heures par an, les chauffeurs de car ne sont guère entraînés à ce genre de manœuvre. Je dus aider le nôtre, me coucher dans la neige, tirer d'un côté de la jante pendant qu'il poussait de l'autre, les doigts à la limite de la congélation. Un vrai délice. Mais qui n'avait pas été inutile : quand apparut l'auberge, au sommet du col, la couche moelleuse atteignait les trente centimètres. Sans les chaînes, nous ne serions jamais parvenus à grimper ce fichu col.

Notre chauffeur était un géant rougeaud et taciturne, au poil long, à la barbe rousse, et au sourire parcimonieux. Dès l'embarquement, les élèves l'avaient surnommé Big Jim, sans que je comprenne très bien pourquoi. Penché sur son volant, leur faisait-il penser à un cow-boy fatigué ? Ou bien était-ce une allusion au Big Jim de *La Ruée vers l'or*, à cause de sa barbe et de sa silhouette massive ? Nul ne consentit à m'éclairer sur la raison de ce sobriquet.

Tout au long du trajet, Big Jim fit preuve d'un dévouement sans limites. Il en avait d'autant plus de mérite qu'il m'avait avoué le matin de notre départ :

« J'ai horreur des voyages ! »

Les labyrinthes de l'humaine nature sont insondables.

Au moment où s'ouvrirent les portes de l'autobus, ce fut comme une barrique dont la bonde vient de sauter sous la pression du vin nouveau : il y eut un jet dru de quarante-huit élèves sur la poudreuse. Pas besoin d'une leçon pour leur apprendre ce qu'était une bataille de boules de neige : il en fusait de toutes parts. Mes collègues, pendant la durée des hostilités, restèrent prudemment calées au fond de leur siège. En ce qui me concerne, l'installation des chaînes m'avait tellement frigorifié que je ne tenais pas à recevoir des projectiles en tentant de m'interposer.

Au bout d'un quart d'heure, l'intensité de la fusillade s'atténua un peu : je jugeai le moment opportun pour intervenir.

« Allons les enfants, prenez vos bagages, et suivez-moi. »

Sans y réfléchir, je venais de prononcer une phrase qui était presque de Voltaire :

« Mon fils, prenez confiance et suivez-moi », avait dit la vieille à Candide avant de le conduire auprès de Cunégonde. Finalement, notre halte à Ferney n'avait pas été vaine. D'ailleurs la phrase opéra de façon magique.

Au seul son de ma voix, il y eut comme un miracle : la bataille s'arrêta net.

Ce soudain armistice me permit de contempler les effets du désastre : pas un élève qui ne fût mouillé jusqu'à la peau, les habits collés aux membres, les cheveux aussi dégoulinants qu'après un bain de mer !

Ces dames descendirent alors et m'aidèrent à encadrer les combattants jusqu'à l'auberge où ce n'était pas le moment d'économiser le chauffage : slips, maillots de corps, petites culottes, chaussettes, soutiens-gorge, tous les sous-vêtements étaient à changer. Le gérant comprit notre embarras, et, bon prince, accepta de prêter la chaufferie pour mettre cette masse de linge à sécher. Une copieuse fondue au fromage réchauffa les cœurs et les corps.

Sympathique, ce gérant. Plus causant que celui de Menton. Pas du genre à mettre les clients au service et au balai en guise d'entrée en matière.

« Allez les profs, dès que vous aurez fini votre repas, venez au bar. Vous goûterez à ma quetsche, et vous m'en direz des nouvelles. »

Voilà qui s'appelle de la convivialité. Sa façon familière de nous aborder me fit songer à Marcel, notre ancien chauffeur.

Cependant, au milieu des cimes d'épicéas, des aiguilles rocheuses et des gouffres de solitude, l'homme était en mal de confidences.

« Ah, j'en ai fait des choses, dans ma vie ! » soupira-t-il au troisième verre.

Allons bon ! Avait-il fait l'Algérie, lui aussi ? Non, c'était toujours ça. Néanmoins, à l'entendre, il avait participé à tous les événements mémorables de l'après-guerre. Pas Yalta, mais tout juste. Il s'était illustré à Dien-Bien-Phu en alignant ses quatre vérités au général Giap. L'affaire Ben Barka, il l'avait vécue de près. Au métro Charonne, il avait fait le coup de poing (il en était au cinquième verre, sa diction devenait pâteuse, impossible de savoir de quel côté il l'avait donné). À Paris, il avait connu Boris Vian, et même Céline. Ce préambule littéraire l'incita, tout en débouchant une deuxième bouteille de quetsche, à déclamer des vers. Des vers d'amour. Puis carrément érotiques. Il baissa l'abat-jour au ras du zinc, et dans la pénombre s'approcha près de l'oreille gauche de Françoise :

« La très chère était nue, et, connaissant mon cœur,
Elle n'avait gardé que ses bijoux sonores.
Elle était donc couchée et se laissait aimer,
Et du haut du divan elle souriait d'aise
À mon amour profond... »

Ma collègue Françoise, qui s'apprêtait à franchir la cinquantaine avec résignation et que l'idée de plaire aux hommes n'effleurait plus depuis longtemps, fut surprise du choix. Pourquoi n'avait-il pas jeté son dévolu sur Angéline, qui était plus jeune et plus pimpante ? Malgré sa gêne, Françoise fut d'abord flattée. Puis, lorsque les mains du récitant s'avisèrent de joindre le geste à la parole, elle fut manifestement agacée. Je jugeai opportun d'intervenir :

« Bien, nous avons eu une rude journée, il est temps d'aller nous coucher et de voir si nos élèves dorment. »

Ma phrase ne brillait pas par son originalité, mais ce n'était pas son but. Quant au sommeil de nos ouailles, je ne manquais pas de mauvaise foi car j'avais suffisamment d'expérience pour savoir qu'en voyage scolaire, les élèves dorment plutôt lors des visites de monuments que pendant la nuit.

Nous regagnâmes donc nos chambres. Malgré quelques murmures inévitables, les chambrées paraissaient calmes. Je mis mes vêtements à sécher sur le radiateur, pris une douche bien chaude, enfilai mon pyjama, et décidai à tout hasard d'entreprendre une dernière ronde avant de me coucher. J'écoutai discrètement aux portes : les garçons jouaient aux cartes. Pas de tables tournantes, pas de préservatifs jetés sur les passants. D'ailleurs, on aurait été bien en peine de trouver un passant, à minuit, au sommet du col de la Faucille (1 323 mètres), même si la neige avait cessé de tomber.

C'est dans une chambre des filles que des rires bas, des gloussements insolites, attirèrent mon attention. Je frappai, et sans attendre de réponse, j'ouvris la porte. Le gérant était allongé nonchalamment sur un des lits, à la façon de Mme Récamier lisant une lettre de Chateaubriand sur sa reposeuse Directoire. Je l'aperçus dans la demi-obscurité, entouré de ces demoiselles auprès desquelles il continuait son récital :

« La très chère était nue, et, connaissant mon cœur... »

Je n'eus pas besoin de lui donner la réplique. Il comprit en me voyant qu'il était prudent de déguerpir, et les demoiselles, qui ne se sentaient pas totalement innocentes, se glissèrent aussitôt sous leurs draps sans émettre l'once d'une protestation.

D'ailleurs le lever était fixé à six heures, et une longue route nous attendait le lendemain.

*

Longue, elle le fut au-delà de ce que nos prévisions les plus pessimistes auraient pu envisager.

Nous avions décidé de passer par la Suisse : le lac Léman, le lac de Constance... Notre voyage consacré au philosophe rationaliste n'excluait pas un peu de romantisme.

Et Marguerite était très romantique :

« Nous n'allons pas prendre l'autoroute, conseilla-t-elle. C'est tellement plus charmant de longer les rives. »

Pourquoi pas ? À huit heures du matin, on a la vie devant soi. On pourrait d'ailleurs, au passage, saluer Rousseau en passant près du lac de Bienne. Tant qu'à faire, pourquoi ne pas pousser une pointe jusqu'à Salzburg en souvenir de Mozart ? Big Jim était de bonne composition, et acceptait tout ce que nous lui demandions.

« Et les chutes du Rhin à Schaffhausen ? renchérit Marguerite. On y passe si près que ce serait trop bête de les manquer ! »

Va pour les Rheinfall, on n'est plus à une heure près.

C'est au moment de franchir enfin la frontière allemande, devant le poste de douane, à la tombée de la nuit, que les événements commencèrent à se gâter. J'eus beau montrer nos papiers, présenter les cartes d'identité, les autorisations de sortie du territoire, l'assurance de l'autobus, celle des élèves, quelque chose manquait.

« *Takze ? Takze ?* » faisait le douanier.

Takze? La taxe ? Quelle taxe ? Marguerite intervint, parlementa. Le ton montait. Le sens profond du dialogue m'échappait complètement, mais je devinai que nous étions dans le pétrin. Ce que Marguerite me confirma :

« Pour entrer en Allemagne, l'autobus doit payer une taxe.

– Une taxe, mon œil ! C'est un bakchich qu'ils réclament ! Ils se croient encore avant la chute du mur, ceux-là ! » fis-je en toisant la guérite.

Ce baroud d'honneur servit d'exutoire à ma colère, sans régler le problème pour autant.

« Et elle est de combien, cette taxe ? » hasarda Angéline.

Elle était lourde. Suffisante en tout cas pour chambouler complètement mon budget. Elle engloutissait le prix des deux repas que j'avais prévus hors de l'hôtel. Comment, si l'on ne voulait pas être réduits à brouter l'herbe du parc, à Potsdam, annoncer ce supplément aux parents d'élèves après notre retour ? Devrions-nous, après avoir été molestés de cette taxe, subir l'épreuve de la faim, comme autrefois à Séviac ?

Nous voyant dans la panade, quelques élèves vinrent s'informer du motif de notre embarras. Béatrice, qui était ma déléguée de classe, et qui tenait sans doute à se faire pardonner d'avoir succombé, la nuit précédente, au charme de la poésie, se révéla sublime :

« Puisque c'est ça, on descend tous et on occupe le poste de douane. »

Et les Teutons médusés virent descendre quarante-huit adolescents qui s'installèrent sur les quais, barrèrent la voie, pénétrèrent dans les bureaux, bien décidés à n'en sortir que par la force des baïonnettes.

L'inquiétude changea de camp, et les douaniers, à leur tour, parurent dans l'embarras. On les vit hésiter, se consulter, donner un coup de téléphone, opiner du couvre-chef, se consulter encore. Après un long moment, la sonnerie retentit. Celui qui portait la casquette la plus haute se précipita, décrocha, hocha la visière :

« Ya... ya... yawohl, herr director ! »

Il s'avança vers moi, appela Marguerite, et avec la mine consternée d'un garde-côte sommé de laisser passer un boat people, nous fit signe de déguerpir.

La douane était enfin franchie. Nous n'entrions pas en Allemagne la tête haute, mais enfin nous y étions. Il était déjà huit heures, nos estomacs rasaient le plancher de l'autobus et nous avions hâte de nous coucher.

Ce que la carte nommait une autoroute était en fait une voie ordinaire. Ça aussi, c'était comme la taxe : Eurolangues n'avait pas prévu. Enfin, nous n'étions sans doute pas très loin du but. Pourtant aucun des panneaux indicateurs, entrevus dans le faisceau des phares, ne mentionnait le nom de Gera, la ville où l'on nous attendait.

Aux approches de neuf heures, une station-service apparut providentiellement. Sauvés ! Nous trouverions là les renseignements nécessaires et un téléphone pour prévenir l'hôtel de notre retard.

Marguerite aborda le pompiste, et, dans ce qui me parut être le plus parfait allemand, lui demanda si la ville que nous cherchions était encore loin.

L'homme prit un air ahuri, et émit un sifflement bref.

Quand il n'exprime pas le mépris ou l'indignation, le sifflement peut être une chose charmante : un adolescent siffle dans la rue pour interpeller une fille qui passe ; adulte, on sifflote pour manifester sa joie, sa décontraction, le bien-être qu'on éprouve, et parfois l'admiration. Mais le sifflement d'un homme à qui vous venez de demander votre route, à neuf heures du soir, dans un pays inconnu, c'est autre chose !

« Il doit au moins savoir combien il nous reste de kilomètres jusqu'à Gera », dis-je à Marguerite.

L'homme arbora une mue dubitative, hissa ses épaules maigres contre son cou, et répondit quelques mots.

Marguerite traduisit :

« Il ne sait pas exactement. Environ quatre cents kilomètres. »

Je fis répéter.

Marguerite répéta. Il avait bien dit quatre cents kilomètres.

Je me montrai sceptique. Cet homme devait se tromper. Eurolangues connaissait son affaire et n'avait pu envisager une étape aussi démesurée. D'ailleurs notre dossier contenait l'adresse de l'hôtel et son numéro de téléphone. Il suffisait de passer un coup de fil pour en avoir le cœur net.

Marguerite prit le document et s'enferma dans la cabine. Elle décrocha, tapota le numéro, écouta, raccrocha, décrocha de nouveau, tapota encore. Invariablement une voix teutonne lui répondait que ce numéro n'existait pas.

Le moral et les estomacs en berne, nous reprenons la route. Direction Berlin. Big Jim rivé au volant. Pas un gendarme, heureusement, pour contrôler depuis quelle heure il pilote. Histoire de corser le café, la route est encombrée de travaux qui, pour être interrompus la nuit, n'en freinent pas moins notre lente avancée.

Les élèves sont endormis. Angéline et Françoise somnolent. Par trois fois son rôle d'interprète a fait de Marguerite la messagère du malheur :

« Madame, c'en est fait, Britannicus expire... »

C'est à elle qu'il est revenu de nous annoncer le coup de la taxe, puis celui du kilométrage imprévu, et enfin la nouvelle du faux numéro de téléphone. On n'avait pas inscrit ces répliques dans le scénario pour lequel je l'avais engagée. Ces contrariétés successives finissent par la rendre nerveuse :

« Enfin Paul, tu aurais quand même pu te renseigner sur les distances », soupire-t-elle avec aigreur et en me lançant un regard mauvais.

Bon. Il fallait bien que cela retombe sur quelqu'un.

Au fond, c'est peut-être une façon maladroite d'entamer la conversation et de tenter de détendre l'atmosphère. Plutôt que de lui balancer quelque chose du genre « Et les chutes du Rhin ? Et l'itinéraire émeraude sur les rives du lac ? Tu crois que ça nous a mis en avance ? » je tente de me justifier :

« Marguerite, restons calmes. Tu penses bien que j'ai regardé les cartes avant de partir, mais je t'assure qu'aucune n'indiquait des distances pareilles entre la frontière et Gera. Elles n'ont rien à voir avec de la géographie, leurs cartes : c'est de la poésie pure. Premier prix de fantaisie et d'imagination. J'ai organisé d'autres voyages scolaires avant celui-là. Demande à Françoise et Angéline : elles te diront que ni à Rome ni à Florence, il ne nous est arrivé ce genre de mésaventure ! »

Comme Françoise et Angéline dorment, je mens un peu, et omets de rappeler notre errance sur un col des Apennins entre Fiesole et Montecatini.

Enfin, sur les trois heures du matin, le nom de Gera est signalé sur un panneau. Plus que huit kilomètres. Nous sommes exténués mais près du but. Bientôt la masse sombre des immeubles apparaît, parcimonieusement éclairée de lumières blafardes. C'est une de ces villes où, quelques années plus tôt, les rares voyageurs s'aventurant à l'est n'étaient pas autorisés à pénétrer. Une ville morte, sans une voiture, sans même un passant en goguette. Rien. Quelques lampadaires lugubres répandent par intervalles une lueur faible sur ce qui semble être l'avenue principale. Où chercher l'hôtel ? À qui demander l'adresse indiquée par Eurolangues ? Comment se retrouver à travers ces alignements d'immeubles parmi lesquels on n'aurait pas été surpris de rencontrer le docteur Mabuse ? Une flèche nous indique que nous sommes à quelques dizaines de kilomètres seulement de Bayreuth. C'est pour cela, sans doute, que cette ville a des airs de vaisseau fantôme. À moins que l'autobus lui-même soit devenu vaisseau fantôme à son tour, errant dans « l'*oceano nox* d'une mer sans fond par une nuit sans lune ».

Ah, je voulais du folklore ? Une page d'histoire ? L'ex-Allemagne de l'Est encore dans son jus ? Ça promet de ne pas me décevoir !

Dans l'autobus, les élèves dorment, recroquevillés sur les sièges. Big Jim se cramponne au gouvernail.

Enfin une voiture. Elle s'arrête en nous voyant. Ce sont des policiers :

« Des vrais ou des faux ?

– Arrête, Marguerite, tu as vu trop de mauvais films ! »

Elle leur présente l'adresse de l'hôtel. Ils ne connaissent pas. Il n'y a pas d'hôtel de ce nom à Gera.

Ils proposent à Marguerite de l'emmener au commissariat d'où ils pourront téléphoner.

Tandis qu'elle s'éloigne avec eux dans la nuit et à bord de leur piteuse Lada façon Fiat des années 60, j'ai vraiment le sentiment que Marguerite avait raison et que nous avons affaire à de faux policiers. La mafia russe. Marguerite enlevée. Que vais-je dire à son mari qui est le chef d'agence du Crédit agricole à Vignerols ? Et que dira mon ministre ? Je suis bon pour la banlieue de Lille aux prochaines mutations.

À propos de banlieue, le car est garé dans une zone dont les immeubles, peut-être abandonnés, datent d'avant 39. Au bout d'une demi-heure, la Lada revient. Marguerite aussi : ce sont de vrais policiers.

Ils ont vérifié l'adresse. Il ne s'agissait pas d'un hôtel mais d'un établissement scolaire ! Les écoliers teutons se trouvant en vacances une semaine avant nous, les locaux ont été loués à Eurolangues qui s'est bien gardée de nous donner la moindre précision à ce sujet. Et puis la dactylo de l'agence avait dû rencontrer un problème avec son imprimante : le numéro de téléphone souffrait d'une amputation de trois chiffres !

C'est le directeur qui a été content de nous voir, quand on a sonné chez lui à quatre heures et demie du matin. Sur le coup, je suis sûr qu'il a regretté le temps du rideau de fer. Au moins à l'époque, les cars de touristes ne risquaient pas de le réveiller à des heures pareilles.

On a tout de même filé jusqu'au dortoir pour dormir un brin, et permettre à Big Jim de se refaire. L'intendance a bichonné notre cow-boy : il a eu droit à une chambre particulière, un minuscule gourbi sans doute destiné aux surveillants. Sinon, malgré sa fatigue, il n'aurait pas réussi à trouver le sommeil. En effet, l'aube n'est pas encore apparue que les effets de la bataille de boules de neige commencent à se manifester par des toux sèches, de plus en plus nombreuses, de plus en plus rapprochées. Bravo, le climat du col de la Faucille ! Pas étonnant que, dans le coin, ils aient inventé le sirop des Vosges. En tout cas, nos élèves ont rapporté de là-bas un sacré souvenir au fond des bronches. De nouvelles réjouissances sont en vue.

*

Selon mes calculs, Berlin n'est pas encore tout à côté. Je dis bien « selon mes calculs », car je comprends qu'il relève de la plus totale naïveté de se fier aux cartes. À proprement parler, et compte tenu de leur caractère approximatif, ce ne sont pas des cartes. Ce sont des vestiges de l'ancienne propagande communiste : là où il y a autoroute, il faut lire « route ». Lorsque la carte indique une route, la chaussée tient de la voie départementale. Tout le reste est de la qualité des chemins vicinaux que j'emprunte avec mon tracteur autour de Vignerols.

À neuf heures, café au lait pour tout le monde. Dehors, les turbines du diesel s'apprêtent au décollage. À neuf heures et demie, le fleuron des transports Remon, de Vignerols, met le cap sur Berlin.

Nos déboires de la veille n'ont pas guéri mes collègues, qui, le confort en moins, se croient en excursion avec le Club Med. Toujours aussi romantique, Marguerite suggère un petit détour par Weimar :

« Ah, Weimar ! La patrie de Goethe et de Schiller ! »

Je fais la sourde oreille. Outre que ma culture germanique est des plus modestes, je n'ai pas envie que se renouvelle notre épopée d'hier soir.

Pour me convaincre, Marguerite minaude :

« Enfin, Weimar, tu ne peux pas me refuser ça, Paul ! Moi qui porte justement le prénom d'une des principales héroïnes de Goethe ! »

Merci pour l'exemple. On voit où ça l'a mené, le docteur Faust, de se laisser tenter par Marguerite. Là où il y a tentation, Méphisto est derrière.

Elle ne se décourage pas :

« Et la république de Weimar, cette parenthèse de liberté juste avant le déferlement du nazisme ! Ce serait un crime de ne pas y emmener nos élèves ! »

Je suis vaincu. Effectivement, on ne peut passer si près d'une autre page d'histoire sans s'accorder un crochet de cinquante kilomètres. Qu'est-ce que cinquante kilomètres sur une distance aller et retour qui en compte plus de cinq mille ?

Sauf que la route, comme les maisons de Gera, n'a pas dû être refaite depuis 1939. On arrive à un pont. Sans être le Golden Gate, c'est bien un pont quand même, avec une arche enjambant une petite rivière. Un panneau nous interpelle : interdit aux poids lourds.

Verboten, le pont. Trop fragile pour supporter le poids d'un autobus. Ils auraient pu le dire plus tôt. Au point où nous en sommes, le car s'engage malgré l'interdiction. Le parapet frémit. Je n'ai jamais su si l'arche s'est effondrée après notre passage, comme dans *Le Salaire de la peur.*

Enfin, nous voilà à Weimar. Ah, Weimar ! Marguerite en extase récite *Le Roi des aulnes* :

> *Mein Vater, mein Vater, und hörest du nicht*
> *Was Erlenkönig mir leise verspricht ?* [1]

Elle pourrait réciter *Faust* et *Werther* dans la foulée. Car on a tout le loisir de la contempler, la ville, avec ses façades lépreuses, ses fenêtres murées, ses vitres cassées, les jardinets qui servent de décharge. Tous les badigeons datent d'avant guerre. Authenticité garantie. Cela fait bien soixante ans qu'on n'y a pas donné le moindre coup de pinceau. Le car met deux heures, montre en main, à la traverser. En effet, la cité de Goethe s'est tout de même un peu modernisée après la chute du mur de Berlin : l'installation récente de son unique feu de signalisation apporte une touche de gaieté qui contraste avec la grisaille des murs. Cependant il est placé de telle manière que la circulation s'en trouve totalement paralysée. Le nouveau régime cohabite avec les vestiges de l'ancien. Depuis la réunification, les automobiles se sont multipliées, mais la réfection des voies doit attendre encore.

1. Père, père, n'entends-tu pas ce que me dit le Roi des Aulnes ?

Ils ont déjà le feu rouge. L'amélioration des routes, ils l'auront plus tard. Nous aussi, nous attendons, bercés par les toux de plus en plus rauques de nos élèves.

Berlin, on a fini par l'atteindre à la tombée de la nuit. L'autobus a quand même mis six heures pour parcourir deux cents kilomètres. Encore fallait-il maintenant trouver notre hôtel – s'il s'agit bien d'un hôtel !

Nouveau décor à la Fritz Lang. Banlieue sinistre. Le cinéaste berlinois avait forcément dû tourner *M. le maudit* dans ces parages. Je m'attends à rencontrer le regard halluciné de Peter Lorre à chaque angle de rue.

Nous errons longtemps, avec le plan bidon fourni par Eurolangues. La toux des élèves s'aggrave d'heure en heure. À ce rythme, il vaut mieux chercher tout de suite un sana. Le car s'arrête plusieurs fois. Marguerite descend courageusement, interroge les passants. À neuf heures, un néon asthmatique clignote poussivement un nom qu'elle reconnaît. Elle vérifie dans le dossier. C'est bien notre hôtel. Un hôtel d'Allemagne de l'Est. Très « ancien régime ». Et pas de ceux que fréquentaient les dignitaires du Parti.

Là encore, on ne nous attendait plus. Quelques zombies affalés sur un canapé regardent la télévision. En dépit des apparences, c'est le personnel de la maison.

Dans le noir, j'aperçois la pièce qui doit être la salle à manger. Les tables sont vides. Marguerite s'informe de notre repas. Je ne comprends toujours rien à l'allemand, mais d'après le ton de la réponse, l'un des zombies a dû lui rétorquer quelque chose du style : « Le repas ? Vous rigolez ? Vous avez vu l'heure ? »

Merci Marguerite, tu n'as pas besoin de traduire, on a compris. Allons nous coucher.

Les élèves grimpent les escaliers avec leurs valises. On va pouvoir souffler un peu, débarrassés de leur toux. D'ailleurs on souffle plus à l'aise quand on a l'estomac creux.

Je me suis réjoui trop vite. Les élèves redescendent en catastrophe, complètement affolés :

« Les lits sont défaits ! Les draps sont sales ! Il y a des mégots partout ! C'est dégueulasse ! »

Passe pour le repas qu'il a fallu sauter, mais si les chambres ne sont pas faites, ils y vont un peu fort, les Teutons.

Allons Marguerite, à toi de jouer ! Dis quelque chose ! Qu'ils se secouent le train, ces feignasses ! Ils sont collés au canapé ou quoi ?

Un des zombies se lève, l'œil égaré du côté de la quatrième dimension, et se dirige vers le téléphone en traînant la savate. Le directeur n'habite pas là, et comme il a gardé ses habitudes de fonctionnaire marxiste-léniniste pistonné, voilà deux heures qu'il a regagné ses pénates.

En moins d'une demi-heure, le voilà quand même, le directeur. Il ne dissimule pas son agacement. Trois ans plus tôt, il nous envoyait tous en Sibérie pour moins que ça. Mes collègues s'extasient :

« Ah, le bel homme, on dirait Curd Jurgens ! »

Allons bon. Elles vont me refaire le coup de la mère Labarbe et de la femme du pharmacien qui reluquaient un bellâtre à La Réole. Elles perdent la boule, ou quoi ?

C'est vrai que le directeur a revêtu un costume du dernier chic de Moscou, arbore une cravate made in Ukraine, et porte martialement un attaché-case en croûte de cuir. Tout cela est sans doute moins raffiné que du Cardin, mais ça vous a la robustesse et le charme solide du design stalinien.

Les chambres ? Qu'est-ce qu'elles ont les chambres ? Le service de nettoyage est passé ce matin !

Oui mon bon Curd, c'est bien possible, mais allez voir vous-même !

Il a dû se rendre à l'évidence, Curd, et du coup ça lui a rabaissé un peu de sa superbe. Navré, il nous a expliqué la situation : les vacataires du service de nettoyage étaient bien montés dans les chambres, le matin même, mais ils en étaient redescendus sans effectuer le boulot. Eh oui, mon bon Curd, dans les régimes capitalistes, les patrons ne se contentent pas de rouler des mécaniques en costume nickel et l'attaché-case rivé au bras. Ils contrôlent aussi la bonne marche de la boutique. Il faudra apprendre ça, si tu veux faire carrière dans le nouveau système !

Enfin, il a secoué les zombies, Curd, et il a passé sa colère sur eux. À onze heures, les chambres sont équipées de draps propres et à peu près balayées. Tout le temps qu'il a fallu attendre, on ne s'est pas ennuyé. Angéline a sorti la trousse de médicaments préparée par l'infirmière du collège, et les élèves ont défilé devant elle comme au conseil de révision :

« Toi, du sirop ! Toi, une gélule ! Toi, tu as de la fièvre : antibiotique ! »

Impeccable, Angéline dans son rôle d'infirmière. Gisèle, qui savait tout faire, n'aurait pas fait mieux.

Qu'elle fut douce, notre première nuit berlinoise, après toutes ces émotions ! Pratiquement deux jours qu'on n'avait pas dormi. Même les toux semblèrent s'apaiser.

*

Un brin conscient que nous n'étions pas totalement satisfaits de l'accueil de la veille, le directeur de l'hôtel nous a fait préparer, au matin, un petit déjeuner copieux. À la mode prussienne. Fromages bien tapés, charcuteries grasses, pain à volonté. Tout sourire, il assiste à notre repas. Au milieu de chaque table trône un magnifique saladier rempli de beurre. Du beurre blanc. Les élèves commencent à tartiner, enfournent avec un appétit très compréhensible. Aussitôt, rumeurs de protestation :

« Pouah ! M'sieu ! M'dam ! Qu'est-ce que c'est, ce beurre ? »

J'enrage. Cette jeunesse n'a aucun sens de l'exotisme. Sortis de leur steak frites, rien ne leur convient.

« Les enfants, calmons-nous, vous faites toujours les

difficiles. Je suis persuadé que ce beurre est excellent. Sans doute différent du nôtre, mais il faut avoir le goût plus ouvert quand on voyage ! »

Afin de parfaire ma démonstration, je tartine à mon tour.

Je goûte.

Bon, ils ont raison, c'est immonde. J'appelle Curd Jurgens qui est décidément tout miel ce matin.

« Monsieur, je suis désolé, c'est quoi, ce machin ? »

Ça le fait rire, Curd, ma question.

« Aaach ! Za ? Zé une sbézialidé d'izi ! Le peurre de Perlin ! »

Si le physique rappelle effectivement la prestance du beau Curd dans *Michel Strogoff*, la voix est plutôt celle de Francis Blanche dans *Babette s'en va-t'en guerre.*

Tant mieux. Mesdames, vous vous étiez trop vite enthousiasmées.

Marguerite nous décroche enfin l'explication : le « beurre de Berlin », c'est tout simplement de la graisse de veau. Faut aimer. Quant à l'arrière-goût de rance, ça doit être l'idée des Ducros de là-bas qui se sont décarcassés à notre intention. Si Frédéric de Prusse a accueilli Voltaire en lui servant un truc pareil avec son café au lait, pas étonnant que leurs relations se soient gâtées si vite.

Enfin, je l'ai déjà dit, on organise des voyages scolaires pour la culture, pas pour la gastronomie. Laissons là le « peurre », et sustentons-nous à la mortadelle.

Dès que les élèves se sont levés de table, les toux ont repris. Sans doute un effet du gras sur les muqueuses. J'aurais dû penser à apporter quelques bouteilles du Quinarit de mon père dans nos bagages, ça nous aurait rincé les papilles.

À défaut, il est indispensable qu'on nous serve, au repas du soir, une bonne soupe chaude, n'est-ce pas, monsieur le directeur ?

Je crois qu'il aurait été moins surpris si je lui avais demandé de but en blanc de nous mitonner un salmis de palombes à la mode gasconne.

« *Was* ? Une zoupe ??? »

Oui, mon bon, une zoupe. Ne me dis pas que c'est aussi compliqué que calculer au pied levé la racine carrée de la distance de la Terre à la Lune !

Apparemment si. Enfin Curd va essayer, pour nous être agréable. Mais il veut connaître l'heure de notre arrivée ce soir, au terme de nos errances berlinoises. Après dix heures de retard à Gera, trois la veille à errer à travers le dédale des faubourgs, Marguerite croit se montrer à la hauteur des exigences prussiennes en évaluant au plus juste :

« Ben... Disons... Sept heures, sept heures et demie ! »

Curd, qui s'est maîtrisé jusque-là face à ce troupeau de Gaulois sous-évolués, explose :

« Matame !!! Zé zept heures OU zept heures et temie ! »

Surprise, mais résolue à faire la preuve de notre bonne volonté, Marguerite s'efforce d'affiner la fourchette :

ce serait sept heures et demie. Mieux valait se donner une petite marge, au cas où Big Jim se perdrait avec tout l'équipage dans les dédales berlinois.

Côté culture, on n'eut rien à se reprocher ce jour-là : musée archéologique, autel de Pergame, porte de Babylone, porte de Brandebourg. Épatante, la porte de Brandebourg, même débarrassée de son mur de béton : cent fois mieux que le bric-à-brac de Pise. Pas de faux Lacoste, mais de vrais vestiges de l'armée Rouge. À la pelle. Pour quelques marks, on peut s'offrir la casquette, la veste, les gamelles d'aluminium, toute la panoplie. Et surtout les décorations, multiples et variées. Au kilo. Les marxistes-léninistes n'avaient pas lésiné sur les médailles. S'ils voulaient se reconvertir dans la quincaillerie, je pouvais leur prédire un bel avenir. Les élèves sont ravis de ces souvenirs à ramener à la maison. Enfin, s'ils reviennent, car, avec ces toux qui se prolongent, je commence à désespérer. Ce matin, Angéline et Françoise m'ont montré ce qui restait de la trousse de médicaments : demain, tous les sachets, tous les flacons seront vides.

À sept heures et demie, pile-poil, nous rentrons à l'hôtel. Ouf ! Curd va être content.

D'ailleurs il a fait ce qu'il faut, Curd : au centre de ce qu'il appelle la salle de restaurant, ses zombies ont installé un guéridon (non, les enfants ! On ne joue pas aux tables tournantes !), et sur le guéridon une cocotte électrique dont le fil relié à une prise barre le passage à un mètre du sol (les enfants, attention au fil !). Une soupe verte y mijote, élaborée par M. Liebig, ainsi que l'attestent les boîtes ouvertes gisant à côté d'une pile d'assiettes. Clouc... Clouc... Ça sent un peu le « rimé » comme dit Gisèle en vendéen. Rien à voir avec la poésie. Chez nous, en Gascogne, on préfère : « Putaing, ça sent le cramé. » Enfin bref, l'odeur n'est pas des plus agréables, et témoigne que la soupe a dû brûler contre le métal par en dessous. Mais on s'en accommodera. Notre panier-repas de midi ayant été des plus sommaires, les élèves se ruent sur les assiettes, se précipitent vers la marmite. Et c'est le pépin : on a poussé trop fort à l'arrière. Voilà l'inconvénient d'avoir mélangé des petits et des grands dans le même voyage. Ce genre de truc crée des bousculades. Deux filles qui allaient se servir se retiennent à la cocotte. Le guéridon vacille, hésite, penche à droite, à gauche, encore à droite, encore à gauche, et... se rétablit enfin sur ses trois pieds. Les esprits nous ont été favorables. Ils se sont contentés des deux filles : la peau de leurs mains est restée collée à l'inox. En plus de nos poitrinaires, il va falloir maintenant soigner de grands brûlés. Et ça pleurniche ! C'est justement tombé sur Edwige et Mélanie, les deux plus geignardes du convoi.

Angéline et Françoise ont beau fouiller dans la trousse, l'infirmière du lycée n'a rien prévu pour les brûlures. Elle nous avait équipés contre les migraines, les coups de froid et les cors aux pieds : on ne saurait penser à tout. Ça pleurniche de plus en plus fort.

Marguerite expose notre problème à Curd, toujours inséparable de son attaché-case (je suis sûr qu'il est vide, son attaché-case ; c'est de la frime pour jouer au patron capitaliste). Même après cinquante ans de marxisme-léninisme, il y a des miracles à Berlin, comme à Lourdes. De la pommade contre les brûlures ? Il doit avoir ça. Il disparaît au fond d'un couloir et revient avec un tube au bout des doigts. Il le tend à Mélanie.

Celle-ci s'inquiète en reniflant :

« Regardez, m'sieur, la date de péremption ! Elle est passée depuis deux ans ! »

D'accord le tube n'est pas tout neuf, mais je lui explique, puisqu'elle n'a pas deviné toute seule, que ce n'est ni le lieu ni l'heure de se montrer délicats. Françoise et Angéline se mettent à frictionner les mains des blessées. Ce qui doit susciter des frustrations chez les poitrinaires, car les toux redoublent à ce moment-là. Vous pouvez toujours tousser, mes loulous, toutes les fioles sont vides. À moins que vous ne vouliez un peu de pommade.

Que faire ?

Il vient à Françoise une idée de génie. Elle part avec la trousse, emporte un paquet de sucre (car il y avait quand même du sucre à Berlin), et, dans le secret de sa chambre, se livre à une alchimie digne du docteur Faust. Elle remplit les flacons avec de l'eau sucrée, puis revient en déclarant :

« Vous avez de la chance, les enfants, j'ai trouvé d'autres bouteilles de sirop dans ma valise ! »

Et tous ont eu droit à une ration. Ne vous gênez pas, les enfants : quand il n'y en a plus, il y en a encore !

Radical, le coup de l'eau sucrée dans le flacon d'Hélicidine. Aussi efficace, sinon davantage, que le sirop lui-même. Le lendemain, grands brûlés et poitrinaires en phase terminale étaient remis en forme pour la visite de Potsdam. Il ne faudrait quand même pas oublier qu'on est venus à Berlin sur les traces de Voltaire. Bien entendu, Eurolangues a oublié de nous préciser que Sans-Souci n'ouvre que sur rendez-vous. Il faudra se consoler avec des cartes postales. De toute façon, ce ne sont pas les élèves qui vont se plaindre d'une visite en moins. Et puis il nous reste le parc, le pavillon chinois, l'Orangerie qui aurait contenu tout Vignerols, et le Nouveau Palais où Stanley Kubrick tourna quelques scènes de *Barry Lyndon.* Géniale, la caméra de Kubrick : le maître s'est gardé pudiquement de nous montrer les tours décoiffées, les communs délabrés, et les statues en souffrance dans des cages grillagées qui auraient servi chez nous de séchoir à maïs. On sentait bien que depuis cinquante ans, les pauvres Teutons de l'Est avaient été plus riches de médailles que de roubles.

Encore une nuit à passer à Berlin avant notre retour. Autre miracle prussien : les élèves se tiennent cois dans leurs chambres. Il est vrai qu'il est prudent de toucher le moins de choses possibles : plusieurs fenêtres ne s'ouvrent pas. Ceux qui sont, malgré tout, parvenus à en décoincer une, n'ont pas réussi à la refermer. Les robinets, quand ils fonctionnent, doivent être manipulés avec douceur. La susceptibilité des chasses d'eau requiert le plus extrême doigté. Du moins lorsque les WC sont opérationnels, ce qui est rarement le cas. La plupart du temps, il faut se rendre à ceux, collectifs, du rez-de-chaussée. Or les zombies, pour se désennuyer, amènent des copains à l'hôtel, des garçons adipeux et blondasses, à la trentaine lourde et pas nette. L'œil porcin, le torse nu, bedonnants et tatoués de pied en cap, ils squattent l'espèce de vestibule attenant aux toilettes. Passer devant eux vous glace le dos. Jamais nos élèves n'ont été aussi sages.

*

Sur la route du retour, on aperçoit des choses surprenantes que la nuit, en arrivant, nous avait dissimulées. Notamment les antiques Trabant sans âge, parallélépipèdes aux couleurs tristes, avachies sur leurs quatre roues étroites. Elles circulent encore, de plus en plus délabrées. Si l'une d'elles tombe en panne, ses occupants l'abandonnent au bord de la chaussée. Aussitôt, un autre véhicule s'arrête : les passagers descendent et démontent l'épave. Les pièces récupérées vont permettre à une autre Trabant, tout aussi vétuste, de circuler quelque temps de plus.

Tel Napoléon devant les Pyramides, je me sens obligé de prononcer une de ces phrases définitives qu'on inscrira plus tard dans les manuels scolaires :

« Mes enfants, je vous avais promis une belle page d'histoire, on peut dire que vous l'avez eue ! »

Mais les élèves, le baladeur encastré sur la tête, n'ont d'ouïe que pour Mickaël Jackson. Je ne suis pas sûr qu'ils m'aient entendu ni qu'ils aient pensé à graver cette réflexion sur leurs tablettes.

IX

Le latin sans peine

« Écoute, m'ont dit en chœur Françoise et Angéline pendant la réunion de pré-rentrée, on est d'accord pour repartir avec toi l'an prochain, mais les pays de l'Est, c'est fini. On veut du so-leil, du confort, et l'air de la Méditerranée. »

Je suggérai cependant que Prague, peut-être...

« Nooon, Paul ! Ni Prague, ni Varsovie, ni Budapest. La vie au lycée, ce n'est pas toujours drôle, alors si on repart, choisis une destination qui nous fasse rêver ! »

Rêver ? Alors c'est Venise qu'il nous faut. En plus à Venise, on est tranquilles : pas de voitures risquant d'accrocher un élève. Venise, ce n'est plus un voyage scolaire, c'est huit jours de villégiature.

Pour tout dire, dans les brumes du Nord, là-bas, à Berlin, j'y avais déjà songé. Un guide nous ayant appris qu'au lendemain de la Révocation, de nombreux protestants français s'étaient exilés dans la capitale prussienne, j'avais à l'instant même et in petto, imaginé le sujet de mon futur Projet d'action éducative :

l'immigration. Pas celle des protestants à Berlin, mais l'immigration italienne en Gascogne. Lors de la Première Guerre mondiale, Vignerols avait perdu près de la moitié de sa jeunesse dans les tranchées. Beaucoup de familles, qui s'étaient contentées d'un fils unique, se retrouvèrent sans héritier et leurs propriétés étaient retournées à la friche. La nature ayant horreur du vide, une vague d'immigrants italiens déferla dans la région, s'attaquant aux ronces et aux orties, semant, plantant, recouvrant les toits éventrés des maisons. La vie était revenue par eux, et eux venaient presque tous des environs de la Vénétie.

Pour donner plus de sérieux à mon projet, je lançai mes élèves sur une enquête (ça plaît toujours, une enquête, auprès des décideurs de l'Éducation nationale): ils allèrent interviewer les derniers survivants de la grande aventure des années 20, ceux qui s'exprimaient encore avec l'accent de leur Italie natale. Quelques-uns de ces pionniers enjolivèrent le récit. Là où la misère avait été le principal motif de leur migration, plusieurs ajoutèrent des raisons politiques qui leur parurent plus flatteuses. Qu'importe, pourtant : qu'on quitte son pays parce qu'on a l'estomac dans les talons ou parce qu'on a la tripe démocratique, l'exil est toujours douloureux. L'argument politique n'était cependant pas pour me déplaire, car je savais que cela donnerait un coup de pouce à mon dossier : ça aussi, c'est un truc qu'ils aiment, les décideurs de l'Éducation nationale. Pourquoi ne pas leur faire plaisir ?

Alors, authentique ou pas, on leur en a mis à toutes les pages, de la lutte contre le fascisme, de l'huile de ricin et des Chemises noires.

Ce n'est pas pour me flatter, mais c'est certainement le meilleur dossier de P.A.E. que je rédigeai depuis le début de ma carrière d'organisateur de voyages scolaires : du béton.

Naturellement, ça a marché.

Je me suis enfin décidé à envoyer Eurolangues à la poubelle : *errare humanum est, perseverare...* on connaît la suite. Et Dieu sait si, contre toute raison, j'avais persévéré au-delà du raisonnable ! C'est cela, ma nature : je supporte et j'encaisse longtemps, mais le jour où le tonneau déborde, ma décision est irrévocable.

Cette fois, nous nous sommes adressés à une agence aveyronnaise qui nous a donné toute satisfaction. Entre gens du Sud, on se comprend tout de suite.

Donc, nous avons « fait » Venise, comme disent les gogos des tours opérators. À Rome, nous avions eu les pâtes, à Florence la neige, à Berlin la totale. À Venise ce fut le paradis. Un voyage à ne pas raconter aux collègues en rentrant de peur de se faire regarder de travers. Non pas qu'en une semaine de séjour sur la lagune, nos élèves n'aient pas eu leur dose (et même leur overdose) d'églises, de palais, de musées, de fresques, de coupoles, de couvents, de sculptures. Mais la nouvelle agence avait soigné notre hébergement d'une façon qui frisait l'indécence. Pas en plein centre de Venise : avec quarante-huit élèves, on n'avait quand même pas les moyens de s'offrir le Danieli. Pourtant c'était presque mieux encore : une station balnéaire toute proche de la Sérénissime et qui se nomme le Lido di Jesolo. Sans avoir appris l'italien, je suis presque sûr que ça veut dire « la plage du petit Jésus ». Chez nous, en Gascogne, les paysans qui goûtent un bon vin s'exclament :

« On dirait que c'est la Sainte Vierge qui me descend dans la gorge avec une culotte de velours. »

S'ils avaient connu le Lido di Jesolo, ils n'auraient su nommer les plus belles plages du monde que « plages du petit Jésus ». En raison du littoral par lui-même et de l'hôtel quatre étoiles qui nous accueillait. Certes. Mais en plus, la situation de notre hébergement nous faisait accéder à Venise par la mer. Un luxe de milliardaire. À l'aube, nous voguions face au palais des Doges que le soleil levant, reflété par la lagune, éclairait de reflets roses et dorés. Sur la Douane de mer, le globe d'or flamboyait. Le soir, lorsque nous repartions, les mêmes monuments s'éloignaient de nous en se colorant d'ocre et de pourpre. Les dômes de Saint-Marc et de la Salute s'illuminaient aux rayons du couchant comme des brasiers jaillissant de la ville.

Au cours de la journée, entre les visites, pendant que nos élèves parcouraient les échoppes de souvenirs en quête de gondoles en plastique, nous dégustions, mes collègues et moi, au café Florian, un capuccino très culturel en la mémoire des Musset, George Sand, Byron et Wagner qui nous y avaient précédés.

Oui, ce fut le paradis.

À deux exceptions près cependant. Ces allées et venues sur la mer donnèrent des coups de soleil à nos troupes. Là encore, il fallut soigner les brûlures. Mais c'est le genre d'inconvénients dont on n'ose guère se plaindre au retour. D'ailleurs, cette fois, Angéline et Françoise avaient apporté de la pommade dans la trousse à pharmacie.

L'autre petite mésaventure tenait à la situation de notre hôtel, en bordure de la mer. Comment résister à la demande ingénue de quelques adolescents bien sages, après le repas du soir ?

« M'sieu ! M'dame ! On peut aller rêver au bord de la mer avant de se coucher ? »

« Rêver » au bord de la mer ? C'était si joliment dit. J'avais moi-même, en cours, souvent insisté sur le rôle du rêve, en poésie. Sans doute voulaient-ils se remémorer *L'Étoile du soir* de Musset, les yeux tournés vers le firmament ? Ou, bercés par la houle, réciter du Baudelaire :

« Homme libre, toujours tu chériras la mer... »

D'accord les jeunes, mais à dix heures et demie, dernier délai, tout le monde à l'hôtel.

« Merci, M'sieu ! Merci M'dame ! »

Le premier et le deuxième soir, la ponctualité de nos élèves fut à la hauteur de nos exigences. Tous, sans exception, furent de retour à l'heure promise. Je les félicitai à chaque fois pour leur ponctualité.

Il n'est pas bon, cependant, de trop s'adonner aux

éloges. Le troisième soir, la porte de l'hôtel ne s'ouvrit pas à l'heure que nous avions fixée. Je ne m'en émus pas tout de suite. Quelques minutes de retard, ce n'est pas un crime.

À onze heures moins dix, toujours personne. Bercés par le flot, s'étaient-ils endormis sur le sable ?

Lorsque l'aiguille de ma montre atteignit les onze heures précises, je décidai d'aller chercher mes rêveurs.

Mais, j'eus beau scruter le rivage et l'obscurité de la nuit vénitienne, la plage était obstinément déserte. Avaient-ils été victimes d'un raz de marée subit ? D'un suicide collectif, comme dans le triangle des Bermudes ?

Je revins, dépité, vers mes collègues.

Selon elles, il n'y avait eu ni raz de marée ni suicide collectif, mais l'attrait d'une balade dans les rues de la station balnéaire. La température s'était rafraîchie, nous enfilâmes pulls et chandails et partîmes à la recherche de la troupe fugueuse. À cette heure et en morte saison, rares étaient les boutiques ouvertes. Nous explorâmes consciencieusement quelques bars à *gelati* : en vain. Nous parcourûmes les rues parallèles, puis les rues perpendiculaires : elles étaient aussi désertes que la plage.

C'est une musique assez lointaine qui attira notre attention. Plutôt qu'une musique, c'était, me sembla-t-il, le « boum-boum » caractéristique des graves musclés que libèrent les enceintes acoustiques en occultant les mélodies du medium ou de l'aigu.

Nous nous laissâmes guider par ces indices sonores qui nous conduisirent sous une enseigne lumineuse.

Des lettres fluorescentes clignotaient cette inscription typiquement italienne : night-club.

Non, ce n'était pas possible ! Ils ne nous auraient pas fait ça ?

L'œil méfiant, le portier accepta, moyennant quelques lires, de laisser pénétrer dans le sanctuaire les quatre vieillards que nous étions et qui, sans doute, venaient s'encanailler.

Je me laissai guider par le bruit, de plus en plus intense, passai devant le bar, et arrivai devant une piste de danse. Tous mes chérubins étaient là, se trémoussant comme jadis les convulsionnaires de Saint-Sulpice, dans une brume secouée de flashes au laser, électrisés par des rythmes d'apocalypse.

Ma voix ne parvint pas à franchir les décibels. Je dus m'engager dans la mêlée en délire, tirer les récalcitrants par le bras, les traîner un à un vers la rue, avant de ramener à l'hôtel le troupeau déconfit.

Le lendemain soir, la garnison fut consignée. Plus de rêveries sur la plage. Plus de transes psychédéliques. Et en pénitence, deux églises et trois couvents supplémentaires.

*

De retour au lycée, notre teint hâlé fit jaser. Au diable les envieux. Les ressources pédagogiques de la Péninsule n'étaient pas épuisées. Moi non plus, et j'étais bien résolu à poursuivre leur exploitation.

Je connaissais quelques familles d'Italiens, sur les communes voisines de Vignerols, qui avaient fait partie d'un deuxième flux migratoire au début des années 50. Comme ils venaient de la région napolitaine, il me suffirait d'ajouter un tome supplémentaire à mon précédent Projet d'action éducative : « L'immigration Italienne après la Seconde Guerre mondiale ».

Et ce fut Pompéi, Sorrente, Capri, la grotte bleue, Paestum, la baie de Naples. Oubliés les pique-niques et les hébergements foireux d'Eurolangues : tous les jours l'hôtel, le restaurant à chaque repas. Une vie de nabab.

L'année suivante, nous franchissions le détroit de Messine, et ce fut la Sicile. Pour oser une telle entreprise, il fallait un motif sérieux. C'est le ministre d'alors qui nous le fournit. Homme du Sud-Ouest, agrégé de lettres, il avait un faible pour le latin. Au ministère, il s'était entouré d'une cohorte de latinistes hautement qualifiés qui, pour stimuler le goût des langues anciennes chez les potaches, déclarèrent qu'il n'y avait pas de meilleure méthode que le bain linguistique. Entendez par là le bain par huit mètres de fond qu'on inflige ex abrupto à quelqu'un qui ne sait pas nager. Finies les déclinaisons, les conjugaisons à la trappe, aux oubliettes les petites phrases mitonnées pour la circonstance :

Dominus cum filia in campo ambulat. [1]

1. Le maître se promène avec sa fille dans le champ.

Non, tout ça, c'était bon pour les débiles mentaux d'antan. Le bain linguistique, vous dis-je. Il n'y avait plus que ça de vrai. Première leçon, un discours de Cicéron. Demain, un poème d'Ovide. Après-demain une méditation de Sénèque. Et ainsi de suite. Bref, la méthode globale, qui, en matière de lecture, avait réussi à conduire des générations d'élèves à l'illettrisme, on allait en appliquer le principe à l'apprentissage du latin.

Pour ce qui est des délires pédagogiques, vingt-sept années d'enseignement m'avaient vacciné. Déjà en français, on nous avait interdit l'usage des exercices confectionnés sur mesure, cousus main, pour illustrer une leçon de grammaire : « La maîtrise du langage ne peut en aucun cas être acquise dans des exercices formels fonctionnant à vide », ont déclaré de là-haut les pédagogues qui savent tout sur tout. Donc, va pour Sénèque, va pour Cicéron, va pour la VO puisque c'était leur dada. Dans ce contexte, un bon Projet d'action éducative destiné à stimuler la fibre latiniste, avec un voyage en Sicile à la clé, c'est passé comme un glaive dans la tripe d'un gladiateur.

Depuis mes premières sorties, les transports scolaires s'étaient perfectionnés. Ils avaient pris modèle sur les méthodes des tours opérators. Nous avions droit désormais à deux chauffeurs qui se relayaient pendant le trajet, ce qui permettait de rouler pendant la nuit et d'envisager des destinations aussi lointaines que l'Italie du Sud ou la Sicile.

Je ne dis pas que les élèves, au retour, ont été plus performants en latin. De toute façon, avec ce que les Pink Floyd du ministère nous avaient concocté en guise de nouvelle méthode, j'aurais bien défié qui que ce soit d'en apprendre trois mots. Mais enfin, mes petits Vignerolais ont vu Ségeste, l'Etna, Catane, Palerme, Syracuse, et ils auraient même pu contempler le spectacle inoubliable qu'offre, depuis la route, la superbe enfilade des temples d'Agrigente au coucher du soleil, s'ils n'avaient été, à ce moment-là, particulièrement absorbés par une partie de belote dans le car.

Au moins, Gisèle se trouvait ainsi à l'abri de mes envies de bougeotte pendant les grandes vacances, et j'avais cessé de l'importuner à ce sujet. Les voyages, c'était pendant l'année scolaire que je les effectuais, et, en prime, l'Éducation nationale me donnait sa bénédiction.

Désormais, le proviseur écrivait dans mon rapport annuel : « Professeur consciencieux et dynamique, qui s'investit avec bonheur dans l'organisation de voyages scolaires. »

Avec bonheur : c'était le mot qui convenait.

X

Heureux qui, comme Ulysse...

À quoi tient la destinée, comme disait Pascal. Ou Kierkegaard. Ou je ne sais plus qui. Peut-être était-ce, tout compte fait, la concierge de l'immeuble où j'avais habité, autrefois, à Bressuire.

En tout cas, c'est au dernier voyage que ma vie a basculé. Je dis bien le dernier, car un an après celui-là, les voyages scolaires ont pris du plomb dans l'aile. Le nouveau gouvernement remplaça l'amateur de latin par un scientifique cyclothymique, apparemment peu porté sur les belles-lettres. Du moins pendant la durée de son ministère. Quand il annonça son intention de mettre le pachyderme au régime et de mener à la baguette les pauvres bêtes de somme que nous sommes, je compris qu'en matière de virées pédagogiques, on venait de tourner une page. D'ailleurs, cet adepte du franc-parler ne tarda pas à mettre les points sur les i : les voyages scolaires, ce n'est pas qu'il était foncièrement contre, mais à la condition qu'ils s'effectuent pendant les vacances.

Pas mal comme idée, sauf que je ne connais pas beaucoup d'élèves prêts à sacrifier huit jours de liberté pour aller visiter – en compagnie de leurs professeurs bien-aimés – des musées, des églises, des couvents même décorés de fresques, et des ruines antiques.

Mais nous n'en étions pas encore là. Quand le nouveau ministre prit ses fonctions, nous rentrions justement de ce qui devait être mon dernier voyage scolaire.

Un voyage dont l'idée venait d'Angéline :

« Et pourquoi pas la Grèce ? » m'avait-elle suggéré un soir d'octobre, au moment où nous étions précisément en train de montrer à nos élèves les diapos des temples de Ségeste et d'Agrigente. Projection dont ils étaient à la fois les acteurs et les spectateurs.

« La Grèce ? avais-je répondu incrédule. Tu penses que c'est possible ? Il faut descendre toute la Péninsule, embarquer sur un ferry. Il y a au moins trois jours de trajet. Plus trois au retour. Il nous restera vingt-quatre heures pour visiter la Grèce : c'est un peu court, madame !

– On prendra l'avion, insista-t-elle. Il y a une agence qui s'est justement spécialisée dans les voyages scolaires à destination de la Grèce. À Bordeaux, à Toulouse, je connais des professeurs qui y sont allés.

– Enfin Angéline, ça doit coûter des sommes pharamineuses. Nos élèves ne sortent pas de chez Rothschild !

– Détrompe-toi. Comme ce sont des compagnies aériennes grecques qui assurent le transport et que la vie là-bas est beaucoup moins chère qu'ici, ces voyages sont très abordables. »

Iago instillant le venin du doute dans l'esprit de son maître Othello ne s'y était pas pris autrement.

Le doute. Oui, au fait, pourquoi pas la Grèce ?

Une académicienne férue de langues anciennes avait écrit justement en leur faveur un plaidoyer intitulé : *Pourquoi la Grèce ?*

Je me fis Prométhée, je lui volai son titre. L'amateur de latin dirigeait encore le ministère : notre projet fut agréé haut la main par le rectorat.

Restait une petite difficulté. À la suite d'accidents survenus pendant des sorties scolaires, les enseignants se retrouvaient de plus en plus au banc des accusés. Notre nouveau proviseur, qui était un excellent homme mais qui ne sortait jamais sans son parapluie, même par beau fixe, rechignait à autoriser les aventures pédagogiques hors des limites de l'établissement.

Lorsque j'eus achevé mon dossier et que je lui remis le récapitulatif en mains propres de peur que la liasse ne s'égare au fond d'un tiroir, il opina longuement du chef :

« La Grèce ?... C'est loin !... » fit-il en grimaçant une moue dubitative.

Je crus pouvoir le rassurer :

« Certes, monsieur le proviseur, mais enfin, nous irons là-bas en avion... »

L'effet obtenu ne fut pas celui que j'escomptais. Le proviseur blêmit.

« En avion, M. Miradou ? Vers le Moyen-Orient ? C'est risqué ! Sans parler des détournements toujours possibles dans ces pays-là, songez qu'un accident n'est jamais exclu, et avec ce moyen de transport, les effets sont inéluctablement tragiques. Imaginez les conséquences désastreuses que pourrait avoir sur notre établissement la disparition de quarante-huit élèves ! »

Je n'osai ajouter : « Plus quatre professeurs. » Il n'y avait pas songé, et je jugeai inutile d'aggraver ses réserves.

« Enfin, conclut-il, je vais réfléchir. »

Cet atermoiement ne me parut pas de bon augure. S'il apostillait un « avis défavorable » au bas du dossier, mon projet faisait naufrage.

Françoise eut alors une idée de génie. Elle me conseilla de solliciter Pierre-Édouard, le proviseur adjoint, comme quatrième accompagnateur. Bien entendu, sa présence ne nous mettrait pas à l'abri d'un crash ou de l'éventualité d'un détournement, mais elle pouvait être de nature à rassurer le patron.

Cette subtilité administrative fonctionna à merveille. Je ne dis pas que ce fut aussi radical qu'un « Sésame, ouvre-toi », car le proviseur continua longtemps à soupirer et à secouer la tête d'un air douloureux chaque fois que nous nous rencontrions. Enfin, bon gré, mal gré, il donna sa caution et transmit le dossier au rectorat.

C'était gagné.

Pendant les mois qui nous séparaient du départ, je redoublai de zèle. À la fin février, nul n'aurait pu reprocher à mes élèves de ne pas connaître la mythologie grecque sur le bout des doigts. Agamemnon, les Atrides, la Colchide, Médée, Jason, Œdipe, ses complexes, Ariane ma sœur, la Toison d'or, l'os de Dionysos, tout y passa.

Je remis même *Phèdre* au programme de ma classe de première :

À peine au fils d'Égée
Sous les lois de l'hymen je m'étais engagée,
Mon repos, mon bonheur semblait être affermi,
Athènes me montra mon superbe ennemi.

Étudier cette pièce me rajeunit de vingt ans, à l'époque où, en présence d'un inspecteur épris de littérature classique et sensible à la chair tendre, j'étudiais *Britannicus.*

Mais la Grèce est le pays qui a inventé la fatalité, cette force du destin à laquelle les dieux mêmes sont inéluctablement soumis. La tragédie est née de là : plus Œdipe cherche à échapper à la malédiction qui pèse sur lui, plus s'accomplissent les terribles augures dont il sera la malheureuse victime. Idem pour Phèdre : sa mère s'étant livrée à des pratiques peu convenables avec un taureau, les dieux offensés se vengent sur sa descendance. Pour parer le coup, Phèdre épouse Thésée, quitte la Crête, et c'est précisément à Athènes que le destin l'attend. Elle voit le bel Hippolyte, rougit, pâlit à sa vue, et Thésée, pas content du tout, en réfère à Neptune qui se livre à un carnage.

La Grèce ! Le poids de la fatalité ! J'aurais dû me méfier.

Le premier signe du destin, ce fut quand Pierre-Édouard vint me trouver à la sortie de ma classe, et, comme dans une scène de Racine, me confia son tourment. À quarante-neuf ans, il venait de se remarier avec une robuste quinquagénaire qui, toute à sa lune de miel, refusait de le laisser partir en Grèce.

Mesurant ma déconvenue, Pierre-Édouard tenta de justifier le veto de sa conjointe : « Tu comprends, me dit-il confus, elle est jalouse. »

J'aimais beaucoup Pierre-Édouard, mais l'idée qu'une femme pût être jalouse de lui ne m'avait pas effleuré.

« Vois-tu, insista-t-il, deux hommes qui partent en voyage avec deux femmes, elle se méfie.

– Enfin, Pierre-Édouard, j'admets que ton épouse, qui tient une boutique de lingerie féminine à Auch, puisse se faire des idées. N'étant pas de notre métier, l'essentiel de la situation lui échappe : nous partons avec quarante-huit élèves, qui nous surveillent autant que nous les surveillons. Sa jalousie est totalement absurde. »

Mes arguments furent inutiles. Pierre-Édouard m'avoua qu'il avait déjà tout tenté pour convaincre sa marchande de dentelles fines, et que rien n'avait ébranlé le mur cyclopéen de son refus.

À quinze jours du départ, c'était la tuile.

Le proviseur fut alors le deuxième agent du destin. Il refusa tous les professeurs que je lui proposai en remplacement de Pierre-Édouard :

« Je m'oppose formellement à ce que l'absence d'un membre du corps professoral vienne perturber les cours à la fin du deuxième trimestre. Si encore cela avait été prévu de longue date, nous aurions pu prendre des dispositions, demander au rectorat de nommer un remplaçant. Mais là, M. Miradou, c'est trop tard. »

« Si encore cela avait été prévu de longue date » : il en avait de bonnes ! Je ne pouvais tout de même pas prévoir que la corsetière serait prise d'états d'âme au retour des vacances de février !

En tout cas, c'était le désastre. Des arrhes avaient déjà été versées à l'agence. Qui rembourserait les élèves ? L'avion, les hôtels, tout était retenu. On nous demanderait des indemnités. Qui les paierait ?

Face à mon désarroi, le proviseur fit un effort dont je devinai l'intensité à la crispation de son visage.

« Écoutez, cher collègue, on va bien trouver une solution. Je ne sais pas, moi, vous n'avez qu'à prendre quelqu'un à la vie scolaire. Mlle Dupeyret, par exemple !... »

C'est lui qui l'avait nommée.

Mlle Dupeyret, que tout le monde au lycée appelait par son prénom, Cécile, occupait un poste de surveillante d'externat depuis le début de l'année scolaire. Le jour de la pré-rentrée, lors de la présentation générale du personnel, je ne l'avais pas remarquée, trop occupé sans doute à peaufiner avec Angéline et Françoise notre projet de voyage en Grèce. C'est seulement quelques jours plus tard que je la vis pour la première fois. Elle venait apporter dans ma classe deux livres de français qui manquaient lors de la distribution.

Victoria Abril. Tout de suite, elle me fit penser à Victoria Abril.

Presque rousse, pulpeuse, elle était pareille à ces fruits que le soleil a gonflés d'un jus sucré et qui donnent envie d'y mordre. J'étais en train de procéder à l'appel.

On avait frappé à la porte. Elle était entrée :

« Excusez-moi, c'est M. le conseiller principal d'éducation qui m'a dit de vous apporter ces livres... »

En un quart de siècle de carrière, ce n'était pas la première fois qu'une surveillante à la chair d'abricot pénétrait dans ma classe. D'autre part, à moins d'être atteint de myopie profonde et rédhibitoire, comment n'aurais-je pas remarqué l'état hormonal avancé de bien des adolescentes que j'ai eu la charge d'éduquer ? Mais le coup d'œil est toujours resté professionnel, et je puis affirmer que jamais la moindre concupiscence n'est venue m'effleurer.

Avec Cécile, qui devait avoir passé les vingt-cinq ans, quelque chose de différent s'opéra. Si j'eusse été capable, à l'instant, d'aligner plusieurs mots à la suite, j'aurais soupiré, comme Tartuffe à Elmire :

> *« Considérez, madame, en regardant votre air,*
> *Que l'on n'est pas aveugle, et qu'un homme est de chair! »*

Nous avions sympathisé. Quand elle venait chercher les billets d'absence à la fin des cours, j'aimais bavarder un moment avec elle. Elle était originaire de Saint-Pé-de-Bigorre, près de Tarbes. C'était son quatrième poste de surveillante. Depuis six ans qu'elle avait obtenu son bac, elle poursuivait des études. Sans parvenir à les rattraper, d'ailleurs. Un an de psycho, deux ans de fac de lettres, quelques mois de droit pour se faire une idée, puis elle était retournée à la psycho. Elle semblait avoir trouvé sa voie, maintenant, me disait-elle, en préparant un BTS de commerce.

Je l'avoue, dans ma vie somme toute austère, j'éprouvais quelque chose qui me grisait un peu pendant les minutes que je passais en sa compagnie. Dire que j'étais amoureux d'elle serait sans doute excessif. Pour être amoureux d'une femme, il faut que j'aie une idée derrière la tête, un zeste d'espoir. Or, éveiller le désir de ma personne chez une fille dont j'étais l'aîné de vingt ans m'eût paru tellement au-dessus de mes moyens que je me serais bien gardé d'en caresser seulement le fantasme. Je n'ai jamais su rêver que de ce qui me paraît accessible.

Quoi qu'il en soit, lorsque le proviseur prononça le nom de « mademoiselle Dupeyret », la perspective de partir en voyage avec cette jeune surveillante ne m'apparut pas comme une aubaine prometteuse, mais elle me procura une joie que je n'aurai pas l'hypocrisie de nier.

*

Qu'on le veuille ou non, il faut reconnaître les prodiges de l'intuition féminine. Ce n'est pas pour rien que la Pythie de Delphes était une femme. La Sibylle de Cumes aussi. Et les femmes, ça devine, ça flaire, ça pressent.

Marie-Christine aurait bien aimé faire partie du voyage. Venise, Pompéi, la Sicile, elle s'était résignée à ce que je ne l'y invite pas. Berlin avait nécessité la collaboration d'une collègue experte en langue allemande, et j'avais choisi Marguerite, que je gardai aux trois expéditions suivantes. Marie-Christine avait eu, auparavant, Rome et Florence. Jusque-là, le partage paraissait équitable. D'autant plus que nos mésaventures berlinoises n'avaient pas éveillé chez elle des regrets trop cuisants. Mais pour la Grèce, Marie-Christine se serait volontiers glissée dans le convoi. Elle s'arrangea pour me le faire savoir. L'histoire des cartes postales et sa manie de photographier dans les musées m'avaient ôté l'envie de recommencer l'expérience une troisième fois. Donc je refusai, et elle m'en voulut.

C'est en se rendant chez maître Labarbe qui venait de régler la liquidation financière de son quatrième divorce, qu'elle rencontra Gisèle, huit jours avant notre départ. Et, comme ça, dans le cours de la conversation, Marie-Christine lui avait glissé, tout à fait par hasard, que j'emmenais dans mes bagages « une petite surveillante qui n'avait pas froid aux yeux ».

Les choses sont bizarres, tout de même. Gisèle qui, depuis vingt ans, s'apercevait à peine de ma présence et n'accordait à ma personne pas plus d'importance qu'au porte-parapluie placé à l'entrée de notre vestibule, s'était mise à me poser des questions sur le voyage, sur les collègues qui devaient m'accompagner.

Certaines femmes, lorsqu'elles subodorent une menace pour leur couple, manifestent des regains de tendresse, mitonnent des petits plats, se montrent plus câlines. Gisèle, déjà peu portée sur les effusions, se raidit. Depuis dix ans, elle n'avait cessé de maigrir. Pas de ces amaigrissements qui cachent une maladie, non. C'était plutôt de ceux avec lesquels on fait les centenaires. D'ailleurs, peut-être n'avait-elle même pas perdu un gramme. Mais c'était quelque chose dans sa façon d'être. Un peu comme le durcissement de la glaise qui se réduit en se desséchant. Et de ce côté-là, si je veux filer la métaphore, je peux dire que Gisèle était en voie de lyophilisation.

Pendant la semaine qui précéda le départ, elle rentra plus tôt de l'étude, me questionna sur mon emploi du temps de la journée, me demanda qui j'avais vu, rencontré. Certaines l'auraient fait sur le ton de la tendresse. Chez Gisèle, c'était celui du juge d'instruction. Son côté juriste, sans doute.

*

Le destin m'avait fixé rendez-vous à Athènes, en donnant un de ces petits coups de pouce dont il a le secret. Notre hôtel était situé à la limite du quartier de Plaka. En face de ma chambre, de l'autre côté de la rue, se tenait une maison dont la façade était éclairée, jour et nuit, d'une lumière rouge juste au-dessus de la porte d'entrée. Les volets restaient perpétuellement clos. Seule la porte s'ouvrait de temps en temps, laissant entrer ou sortir des silhouettes d'hommes. J'ai beau ne pas avoir systématiquement les idées malsaines, l'allure du bâtiment et ce curieux va-et-vient me laissèrent songeur. Ces images m'avaient ramené quelque vingt ans plus tôt, lorsque, depuis l'aumônerie du lycée Jules-Ferry, je voyais le manège des talons hauts sur les trottoirs de la place Blanche.

Le deuxième soir, après la visite de l'Acropole et du Musée national, tandis que nos élèves se reposaient dans leurs chambres en attendant le repas, Angéline et Françoise entreprirent de sillonner les bijouteries de ce qui ressemble déjà presque à un souk oriental. Je profitai de ce moment pour visiter la colline de la Pnyx en compagnie de Cécile. Le chemin qui conduit au sommet est bordé de cyprès, de pins parasols et d'arbustes odorifères. Nous croisâmes quelques couples d'amoureux qui en descendaient. La colline s'achève par une plate-forme rocheuse que couronne un piédestal. De là-haut les tribuns du siècle de Périclès s'adressaient au peuple rassemblé. En s'adossant contre le mur de l'édifice, on a le Parthénon devant les yeux, émergeant de la ville moderne qu'on ne devine même plus. À cette heure de la journée, le soleil couchant donnait aux colonnes et à l'ensemble de l'édifice des reflets roux de fourrure féline.

Je m'aperçus que c'était exactement la couleur de la chevelure de Cécile.

Nous sommes restés là longtemps, à côté l'un de l'autre, sans parler. Nous n'entendions pas même la rumeur assourdie des voitures circulant dans Athènes.

Seule la brise, à travers les branches, faisait un murmure confus et libérait l'odeur de résine des conifères.

Après le repas du soir, les élèves retrouvèrent leur dynamisme. Ils s'étaient si bien reposés que, selon leur habitude, ils tardèrent à s'endormir. Une fois encore, le tintamarre me força d'intervenir. Je sortis de ma chambre. Au même moment, Cécile sortit de la sienne. En nuisette. Aussitôt, je pensai à Racine :

« Belle, sans ornements, dans le simple appareil
D'une beauté qu'on vient d'arracher au sommeil. »

Puis, de Racine, ma pensée fit un bond jusqu'à certaines images de Victoria Abril dans *Talons aiguilles.*

La crinière défaite, presque fauve dans la lumière tamisée du couloir, Cécile me tournait le dos. Elle haranguait les citoyens de Vignerols avec la fougue des orateurs antiques sur la tribune de la Pnyx.

Je ne nierai pas que sa tenue laissait à désirer.

À travers la mousseline translucide se devinait l'exubérance de sa chair. Des fesses callipyges, Dieu sait si j'en avais vu, au musée de l'Acropole, puis au Musée national, mais celles de Cécile leur faisaient vraiment la pige. Je ne pus m'empêcher de les comparer à celles de Gisèle, dont je finissais par craindre qu'elle ne rayent la baignoire.

Gisèle ! J'aurais été bien en peine de l'oublier pendant ce séjour hellénique : toutes les nuits, à des heures imprévisibles, le téléphone sonnait dans ma chambre et me réveillait en sursaut. Et c'étaient, à n'en plus finir, des menaces, des soupirs, des imprécations. Je m'étonnais d'ailleurs, connaissant sa pingrerie, qu'elle me téléphone de si loin, et si longtemps. Même à demi-tarif en raison de l'horaire, de tels entretiens téléphoniques représentaient un investissement replet. Quelques semaines après mon retour, je compris la raison de sa prodigalité : Gisèle avait fait prélever intégralement sur mon compte le montant de ces factures.

À la troisième nuit de notre séjour, alors qu'il était près de deux heures, la sonnerie du téléphone réveilla les chambrées voisines qui avaient déjà eu grand-peine à trouver le sommeil. Une fois encore, je sortis dans le couloir pour intervenir. En tâtant les murs pour parvenir à l'interrupteur, mes doigts se posèrent sur les épaules de Cécile qui le cherchait elle aussi. À la faveur de l'obscurité, nos bras se croisèrent, je plongeai dans sa chevelure. Nous renonçâmes à rétablir l'ordre, et nous avons comme glissé, lentement, vers ma chambre.

L'Acropole au soleil levant, Delphes, Mycènes, le cap Sounion que hantent les ombres de Chateaubriand et de lord Byron, les plus blasés n'y résisteraient guère. Mais en compagnie de Cécile, même s'il y avait avec nous Françoise, Angéline et quarante-huit élèves, c'était partout Cythère. Ah, les frôlements derrière une colonne, les regards échangés au-dessus de l'isthme de Corinthe, nos hanches l'une contre l'autre au rythme du sirtaki sur le bateau qui nous conduisait à Egine !

À Épidaure, pour mes élèves installés sur les gradins, je récitai la tirade de Phèdre :

« Mes yeux ne voyaient plus, je ne pouvais parler,
Je sentis tout mon corps et transir et brûler... »

Au milieu d'eux, Cécile savait que c'était à elle que ces vers s'adressaient. Les trois autres nuits que nous passâmes sous le ciel de l'Attique, je connus le « long, immense et raisonné dérèglement de tous les sens » dont parle Rimbaud.

*

Au retour, ce fut plutôt une saison en enfer. L'autobus de Vignerols était venu nous récupérer à l'aéroport de Toulouse. Quand il s'arrêta devant l'entrée du lycée, la foule des parents nous attendait. À peine eus-je le temps d'entendre le petit Stanislas dire à sa mère « Qu'est-ce qu'on a vu comme cailloux ! », que j'aperçus Gisèle, debout devant sa voiture, dans une rue adjacente. Elle avait pris le visage de la tragédie antique.

Durant les mois qui suivirent, elle fut tout à la fois les Furies, les Harpies, les Erynnies, les Euménides. J'avais beau nier, protester de mon innocence, avec cette incomparable apparence de bonne foi que donne la culpabilité, rien ne parvenait à l'apaiser. Elle me réveillait la nuit avec un visage et des cris de Gorgone. Si nous avions eu des enfants, elle serait devenue Médée.

Face à l'adversité, je dus déployer des trésors de ruse pour continuer à rencontrer Cécile, commettant néanmoins d'inévitables imprudences. Il y a toujours dans les bois, un promeneur qui traîne, un chasseur à l'affût, un sportif en mal de jogging.

Les menaces s'étant révélées inefficaces, Gisèle essaya la tendresse. Outre qu'elle ne s'y entendait guère, elle eût peut-être mieux réussi la manœuvre si elle avait opéré dans l'ordre inverse. Mais on ne se refait pas.

Toujours est-il qu'un soir, en rentrant à la maison, je trouvai porte close, les serrures changées, et, sur le seuil, deux valises contenant mes effets.

Je dus aller dormir chez mes parents, ce qui me rajeunit d'un bon quart de siècle. J'y passai les nuits suivantes, et Gisèle fit constater par huissier que j'avais déserté le domicile conjugal.

*

De ma part, c'était, j'en conviens, d'une légèreté absolue, mais la récolte fut si abondante, cette année-là, que je demandai à Cécile de venir nous aider aux vendanges. Elle avait été chargée de l'internat depuis la nouvelle rentrée, ce qui lui laissait de belles journées de liberté. Il eût été criminel de ne pas en tirer profit. J'avais moi-même obtenu un emploi du temps qui me permettait de consacrer plusieurs après-midi à mes occupations viticoles, et mes nuits étaient suffisamment longues pour que la correction de mes copies, la préparation de mes cours, ne pâtissent en rien de mes inclinations bucoliques.

Si mon père tenait à valoriser la spécificité de son Quinarit, ne pas gâter son arôme si particulier, il fallait bien trier les grappes une à une, élaguer aux ciseaux les grains défectueux ou d'une maturité insuffisante. Pas question d'avoir recours à la machine à vendanger, tellement commode, mais qui noie toute la récolte dans un même brouet. Or la main-d'œuvre commençait à se faire de plus en plus rare, et déjà, nous avions de la peine à recruter du personnel pour une si courte période. Georges avait pris sa retraite au 15 août. Mon père hésitait à signer un contrat définitif à un stagiaire qu'une école d'agriculture nous avait envoyé.

La vente de notre vin à des particuliers, des promeneurs, des touristes, se révélait de plus en plus lucrative. De mai à septembre, c'était une occupation dont s'était chargée ma mère. Elle garnissait la petite table, à l'entrée du chai, avec les fleurs de la saison : des lilas d'abord, puis des arums, des « boules-de-neige », des dahlias. Elle continuait avec les roses, des variétés d'autrefois, à demi-grimpantes, dont la floraison s'épanouissait en grappes. À la fin de l'été, elle emplissait le vase de ces marguerites mauves qu'on appelle ici des « vendangeuses », tant à cause de leur venue tardive qu'en raison de leur couleur si proche de la robe d'un vin nouveau. Elle disposait également quelques prospectus, et accueillait les visiteurs.

À soixante-quinze ans, ma mère semblait avoir trouvé là sa vocation. Je savais qu'au cours de sa jeunesse, elle avait fait un peu de théâtre à l'occasion des kermesses de la paroisse, mais je n'aurais jamais imaginé que son tempérament de comédienne se révèle à ce point dans ce nouveau rôle. D'un naturel avenant, elle avait regretté, sans doute, que son existence rurale ne lui permette pas de rencontrer davantage de monde. Maintenant, du monde, elle en voyait tout l'été : plus de vingt personnes venaient chaque jour acheter quelques caisses de notre petit blanc. Avec un sens de la communication dont j'étais stupéfait, elle leur souhaitait la bienvenue, parlait longuement avec eux, s'informait de leur voyage. Surtout, à chaque touriste amateur de vieilles pierres, elle racontait l'histoire de Vignerols, l'étymologie du toponyme, et les anecdotes les plus savoureuses. Depuis vingt-cinq ans, je m'étais vainement promis de me livrer à des recherches à ce sujet : désormais, avec la nouvelle occupation de ma mère, ceci n'était plus nécessaire. Elle s'était révélée d'un imagination prodigieuse. Il n'y avait pas un mur de la bastide dont elle ne fut capable de faire revivre les grands événements du passé. Non pas tels qu'ils s'étaient déroulés, mais tels que les clients aimaient les entendre :

« N'oubliez pas de faire un petit détour, en sortant de chez nous, par la départementale qui conduit vers Lectoure, leur conseillait-elle. Arrêtez-vous devant la maisonnette dont le jardin est clôturé de buis. C'est là qu'habitait jadis une paysanne nommée Violette. Le marquis de Vignerols logea chez elle pendant la construction de son château. Alors, forcément, une idylle naquit entre eux, et... »

Mais où allait-elle chercher tout cela ?

*

À la veille des vacances de la Toussaint, l'huissier dont j'avais fait la connaissance quatre mois plus tôt vint m'informer que Gisèle demandait le divorce. Je m'y attendais un peu. Néanmoins, elle avait été si peu mon épouse que sa démarche me parut cocasse.

Je dus contacter un avocat, qui entra aussitôt en relation avec celui de Gisèle. Mon dossier se révéla copieusement assaisonné. J'y trouvai un témoignage de Marie-Christine qui, forte de ses quatre mariages ratés, attestait de ma mauvaise conduite, ainsi que ceux de deux autres collègues qui m'avaient gardé rancune de ne pas les avoir emmenés avec moi en voyage scolaire. Il y avait même une attestation de Mme de Vallinois, qui était sortie de sa retraite pour déplorer qu'un être aussi « charmant » que moi ait pu se laisser dévoyer par une créature de perdition. Notre garagiste aussi prit le parti de Gisèle. Je l'avais surpris, un jour, à tripoter sa secrétaire. Il en conçut du ressentiment, et rédigea, à l'intention du tribunal, une lettre où il se portait garant de mes mœurs déplorables.

Le découragement m'allait saisir, comme disait Figaro.

Plutôt qu'au héros de Beaumarchais accablé sous les foudres de la calomnie, je pensai aux *Poissons rouges* d'Anouilh :

> *« Dis, papa, il y a le fils Perper qui a dit que son père avait dit que tu étais un salaud. C'est vrai?*
> *– Tu sais, Toto, dans la vie, on a beau faire, on est toujours le salaud de quelqu'un. »*

Le coup était rude, mais enfin, grâce à nos législateurs modernes, on ne lapide plus, du moins en France, pour un cas d'adultère.

Cependant ces mêmes législateurs ont trouvé une astuce qui, à défaut d'envoyer en prison, risque de vous mettre sur la paille. Ils ont inventé « la prestation compensatoire ».

Quand ces mots sortirent de la bouche de mon avocat, c'était une expression que j'entendais pour la première fois. Par déformation professionnelle, je la pris pour une métaphore, et je commis un contresens. Une « prestation », pour moi, c'était une sorte de service rendu. L'allocation sociale est une « prestation ». Cela peut être aussi un divertissement : on parle de la « prestation » d'un artiste, au cours d'une spectacle. Je crus donc qu'il s'agissait des « prestations » de Cécile, lesquelles en effet compensaient généreusement le déficit conjugal dont j'étais affligé depuis de nombreuses années.

Mais non, la « prestation compensatoire » dont parlait mon avocat, ce n'était pas cela. Il s'agissait d'une indemnité importante réclamée par Gisèle. Notre séparation constituant pour elle un préjudice financier, elle revendiquait, en toute légalité, une somme confortable que je devrais lui verser après le jugement de divorce.

La requête me sembla surprenante, car le salaire de Gisèle était nettement supérieur à celui que m'octroyait l'Éducation nationale.

Le montant de la « prestation » était d'autant plus élevé que mon père, depuis dix ans, m'avait légué ses biens afin que, le jour venu, mon héritage ne soit pas trop grevé par les droits de succession. Je devais donc « compenser » la perte douloureuse que subissait Gisèle, non seulement par l'octroi d'une partie de mon salaire, mais encore en lui attribuant la moitié de ma propriété familiale. Un hold-up en toute légalité.

Je protestai, alléguant qu'elle était elle-même fille de petits propriétaires vendéens. Mon avocat reconnut que l'affaire était plaidable, mais qu'elle traînerait forcément en longueur.

Au cours de l'hiver, Gisèle obtint une place de premier clerc chez un notaire de Toulouse, quitta Vignerols, et, moyennant un loyer que je dus lui verser, elle ne s'opposa pas à ce que je revienne habiter dans ma maison de La Baquère, soigneusement vidée de tout le mobilier.

Je m'y installai avec Cécile. Sans orgues, mais avec amour et délices.

XI

Monsieur Trissotin, avec tout le respect que votre nom m'inspire

Amputée des voyages scolaires qui en avaient égayé le déroulement, la vie au lycée me parut morne.

Mais il y avait plus grave. Longtemps j'avais éprouvé de la volupté à faire partager à mes élèves mon goût de la litote, de la métaphore, et surtout celui de la littérature. Contre vents, marées, mistral, tramontane et vent d'autan, je parvenais à les émouvoir en étudiant un poème de Verlaine, une tragédie de Racine, une page de Victor Hugo, une rêverie de Chateaubriand. Le best of du Lagarde et Michard, le hit-parade de Chassang et Senninger, le gratin des petits Larousse, ils y avaient eu droit. Quand on va en Grèce et qu'on visite le Parthénon, on est sûr de ne pas se tromper. J'avais procédé de même avec l'enseignement de la littérature.

Un jour, je fus défrisé par la question que me posa, en début de cours, le délégué de la classe de première :

« Monsieur, quel est le document qu'on étudie aujourd'hui ? »

Le « document » !!! C'était *Mignonne, allons voir si la rose...*

Ronsard réduit au rôle subalterne de vulgaire document ! « *Les plis de sa robe pourprée et son teint au vôtre pareil* », du document ! Comme une page de statistiques, un registre municipal, un compte rendu de presse pour l'assemblée générale du comité des fêtes de Vignerols ! La splendeur d'une métaphore, la subtilité d'une litote, la musique sublime d'une allitération baudelairienne : du document !

Je fis part de mon désarroi à un inspecteur venu vérifier les compétences d'une jeune collègue. Il était tout de blanc vêtu et arborait l'élégance d'un proconsul de la coloniale. Sa probité candide était coiffée d'un large panama. Après avoir exercé ses talents à la Réunion, en Nouvelle-Calédonie, à Tahiti, en Afrique, il s'était posé pour quelques mois à l'académie de Toulouse en attendant qu'un poste se libère du côté des Antilles.

« Cher collègue, me dit-il, votre élève a raison. Pour ma part, je préfère le texte-*document* au texte-*monument* ».

La formule avait du panache, et le proconsul ne manquait pas d'à-propos. Mais lui et moi, on n'était pas du même monde. Ou plutôt, je n'étais plus de ce monde-là.

Le coup de grâce me fut porté par la dernière directive du ministère : les séquences didactiques. Je revois encore mes collègues atterrés. Seule Gilberte, dont c'était la dernière année parmi nous, jubilait. Après trois décennies de carrière, de réformes en réformes, de lubies diverses en gabegies variées, j'étais persuadé d'avoir fini par toucher le fond. En particulier lorsqu'une équipe de pédagogues déjantés inventa les livrets d'évaluation pour les classes de sixième et de seconde. Grâce au génie de l'informatique, on allait pouvoir enfin évaluer de manière sci-en-ti-fique le niveau des impétrants. Ah, ces livrets ! Je me souviens de leur arrivée, par un matin gris de septembre, enveloppés dans de volumineux cartons, l'encre fraîche encore des officines du ministère. C'étaient des livrets verts. Un vert symbolique, à n'en point douter, destiné à présager des lendemains qui chantent. L'intérieur était noirci de chiffres et de lettres plus ou moins cabalistiques savamment agencés. On distribua ainsi, dans tous les collèges de France, des tonnes de papier sur lesquelles les élèves planchèrent durant de longues heures et que les professeurs les plus rapides mirent une semaine à corriger, au prix de douloureuses migraines. Après d'interminables garnissages de grilles, les résultats furent confiés à l'ordinateur qui, quelques mois plus tard, rendit, sans trop se tromper, un verdict assez semblable à celui que n'importe quel enseignant avait déjà trouvé tout seul, le premier jour, rien qu'en faisant remplir aux élèves leur fiche habituelle de renseignements : nom, prénom, adresse, profession des parents, as-tu un problème particulier à signaler ? Comment estimes-tu ton niveau en français (bon, moyen, faible)? Aimes-tu lire ?

Il s'avéra dès la première expérience que les livrets d'évaluation n'avaient d'autre justification que celle de maintenir les postes de ceux qui s'étaient chargés de les élaborer. Nul n'osa renvoyer dans leurs classes ces docteurs Folamour de la recherche pédagogique. Si dure est la langue de bois que dix ans après, le système persiste encore, et qu'à chaque nouvelle rentrée scolaire se perpétue le gâchis de temps, d'argent, d'énergie et de papier.

Je ne nierai pas, cependant, que le jargon de ces livrets puisse susciter quelque divertissement. Ainsi, on y blâme les exercices « répétitifs, mécaniques et décontextualisés » auxquels on préfère « l'item (*issa est* ?) des protocoles qui évaluent des connaissances transversales ». Oui, tout ceci peut divertir. À condition de rester calme, d'avoir un solide sens de l'humour, et de considérer ces fascicules comme les almanachs Vermot de l'Éducation nationale.

Donc, avec ces livrets, j'étais persuadé d'avoir touché le fond. Je pensais qu'à ce point, on allait forcément rebondir. Je n'avais pas prévu les « séquences » : avec elles, on a fait des forages au-dessous des nappes phréatiques.

De mes années d'école primaire, j'avais gardé le goût de choisir, au collège, les textes de mes classes selon le rythme des saisons. J'eusse enseigné dans un établissement de grande métropole, la question ne se serait pas posée. En ville, on ne voit pas les saisons, ou si peu. Avec le chauffage en hiver et la clim en été, finies les saisons. Ce n'est pas sur les trottoirs qu'on voit repousser l'herbe au printemps, fleurir les premières violettes, ou en automne, s'embraser en quelques heures les châtaigniers, se décolorer lentement les chênes. Ce n'est pas au bord des caniveaux qu'on découvre, avec une stupéfaction jamais émoussée, le rougeoiement de la vigne après la Toussaint, sa transformation en manteau d'Arlequin où les jaunes, les verts, les pourpres, dansent la farandole.

Autour de Vignerols, il y avait tout cela. Aussi, en octobre, je trouvais quelques vers de Ronsard sur les vendanges ; en novembre, Chateaubriand et Rousseau me fournissaient des pages sur l'arrivée de l'hiver. Avant les vacances de Noël, c'étaient *Les Sapins* d'Apollinaire, ou *Les Trois Messes basses* de Daudet. Neigeait-il ? C'était si rare qu'il me fallait fouiller dans mes livres pour trouver un texte célébrant cette fête tombée du ciel. Dès la fin février, je parcourais les anciens manuels, en quête d'une page de Colette ou de Giono afin de saluer en classe l'éclosion des premières corolles.

Avec les séquences pédagogiques, tout ça, c'était fini. On n'était plus là pour le plaisir. Le but à atteindre, c'était la méthodique rationalité d'un cours de mathématiques.

La séquence, d'une durée de quatre à six semaines, se subdivise en « séances ». Dans le second cycle, la dissertation et le commentaire naissent désormais d'un « corpus » de cinq ou six « documents » dont la diffusion, pour un simple devoir, représente un minimum de cent pages qui, chaque fois, mettent à mal notre photocopieuse. Les textes sont choisis en fonction d'objectifs dûment répertoriés : repérage des différents types de textes, étude de textes argumentatifs, descriptifs, narratifs. Au collège, l'apprentissage de la grammaire, dont la portion congrue ne saurait faire l'objet d'un cours spécifique, doit s'intégrer à l'étude desdits textes. D'ailleurs le mot « grammaire », à connotation ringarde et passéiste, laisse désormais la place à une formule plus branchée : « les outils de la langue ». Ceux-ci, « abordés inductivement, par l'imprégnation des structures de la langue, font l'objet d'un apprentissage progressif. Les outils fondamentaux de la morpho-syntaxe et de l'orthographe, avec le métalangage qui leur est propre, sont appris et mémorisés au cours du cycle central. La formation d'une distance réflexive par rapport à la langue française est étroitement associée à l'expression orale, à la lecture et à l'écriture lors des pratiques communicatives organisées au sein de la séquence. »

La langue poétique et chatoyante de ces consignes pédagogiques est destinée à venir en aide aux professeurs obstinément ignares. Mais les élèves eux-mêmes, qui peinent à accorder un nom avec son adjectif, qui mettent de plus en plus systématiquement un *t* à la première personne des verbes et un *s* à la troisième, sont invités à se familiariser avec les vocabulaires les plus savants. Plus d'« analyse littéraire » sans le jargon adéquat, autrefois réservé aux agrégés de linguistique, et mis dorénavant à la disposition du peuple : le *déictique*, qui permet de « localiser un référent dans l'espace ou dans le temps en fonction de la position du corps du locuteur, et de ses gestes de désignation » ; l'*acmé* (ton doux regard se voile) qui sépare la *prodase* de l'*apodose* ; ne pas avoir peur de *l'antonomase* qui n'est pas une forme grave du cancer de la *prodase,* mais une simple variante de la *synecdoque.*

Merci Vadius, merci Trissotin.

Merci, Thomas Diafoirus, car les textes-*documents* que vous nous faites étudier, il ne vous viendrait pas un instant à l'idée de dire un mot du plaisir qu'on peut éprouver à les lire. Vous ne les aimez pas, vous les disséquez au bistouri et au scalpel, comme des cadavres.

« Baiserai-je ? » demandait Thomas Diafoirus, qui ne savait pas aimer, lui non plus.

Eunuque, ce Thomas, devant la belle Angélique. Eunuques aussi ceux qui, insensibles à la beauté littéraire, ne décèlent dans *Phèdre* ou *Manon* que des *« documents »*.

L'étude d'un texte devrait avant tout montrer ce qu'un élève ressent à sa lecture. S'il est capable d'aimer une œuvre de Proust ou de Flaubert, un chapitre de *La Recherche,* le portrait de Mme Arnoux dans *L'Éducation sentimentale*, s'il trouve quelque jouissance à lire un poème de Baudelaire ou d'Aragon, il mérite déjà une bonne note. Un commentaire de textes devrait être d'abord un acte d'amour, et non ce que vous appelez, mesdames et messieurs les pédagogues, une « analyse littéraire » : le terme et la démarche me font trop penser aux analyses d'urine dans les laboratoires.

Aurélien ou Titus, face à Bérénice, ne sauraient désormais s'informer que du nombre de ses dents, de l'état de sa vésicule biliaire, ou de son taux d'albumine.

De l'analyse, vous dis-je.

*

Tout ce mercredi après-midi, j'avais taillé la vigne en compagnie de mon père et de notre nouvel employé, Karim, que nous avions embauché pour remplacer Georges. Nous avions d'abord tenté notre chance avec deux stagiaires dont le sérieux et la maturité ne s'étaient pas révélés suffisants pour assumer les responsabilités que nous attendions d'eux. Karim, c'était différent. Il avait été mon élève autrefois. Puis il s'était orienté vers une école d'agriculture, et, à sa sortie, avait trouvé une place de contremaître chez un pied-noir du Lot-et-Garonne qui possédait une centaine d'hectares de vergers. Malheureusement, les arbres fruitiers étant de moins en moins rentables, le pied-noir avait arraché ses pommiers, ses poiriers, et les avait remplacés par du maïs. Se retrouvant licencié, Karim avait relevé une des annonces que j'avais fait passer dans *Sud-Ouest* et *La Dépêche*. Je le reconnus dès qu'il se présenta. Tout de suite, j'eus confiance en lui, je fus sensible à son enthousiasme, au plaisir qu'il semblait éprouver à l'idée de travailler avec nous. Il s'était marié quelques mois plus tôt, et Leïla, sa jeune épouse, acceptait de venir nous aider lorsque nous aurions besoin d'elle. Après un contrat temporaire de deux mois, mon père embaucha définitivement Karim, qui n'avait pas encore trente ans.

Depuis que nous avions investi dans un système mécanique pour la taille, je ne ressentais plus cette crampe douloureuse qui paralysait mon poignet après de longues heures où il fallait forcer sur les sécateurs. Désormais, une simple pression suffit : l'air comprimé déclenche l'impulsion permettant de sectionner les sarments. Cependant le froid sec de janvier avait engourdi mes doigts aussi sûrement que lorsque j'avais dû installer les chaînes aux roues de l'autobus en montant le col de la Faucille.

Le soir, je m'étais attelé à la correction d'un paquet de copies, et, quoique Cécile m'eût longuement frictionné les paumes de la main dans une bassine d'eau tiède, le stylo rouge peinait à écrire les annotations dans la marge. Mais lorsque je me couchai, aux environs de minuit, j'éprouvai le bonheur incomparable que donne la satisfaction du travail accompli. Nous avions achevé la taille de six rangs de vigne, et dès le lendemain matin, j'eus la fierté de rendre à mes élèves les rédactions corrigées. C'est le genre de détails dont je me suis fait une coquetterie tout au long de ma carrière. Je savais que des collègues, comme Gilberte, mettaient plusieurs semaines avant de rendre les copies. Sans doute les oubliait-elle au fond de son énorme cartable. Les élèves en ricanaient. Mon point d'honneur à moi, ça a toujours été de les rendre le lendemain, ou le surlendemain au plus tard, cussé-je dû y passer la nuit. Par amour-propre. Et puis, parce qu'une correction est d'autant plus fructueuse qu'elle intervient avec rapidité. Nul besoin d'avoir inventé les séquences et le fil à couper les déictiques en quatre pour être en mesure de constater cette évidence.

Je venais juste de rentrer dans la classe, mon paquet de copies sous le bras, quand on frappa à ma porte. C'était le proviseur.

« Excusez-moi de vous déranger, dit-il, mais j'ai été avisé par un fax, hier après-midi, que les professeurs de lettres de notre établissement allaient être inspectés lundi prochain. C'est le nouvel inspecteur pédagogique régional, M. Brigaud, qui doit venir. Peut-être le connaissez-vous ? »

Si je le connaissais, Brigaud ? Il avait sévi dans le Gers en tant qu'inspecteur primaire quelques années plus tôt. Un cas, Brigaud. C'était un fils de bergers, ou de petits paysans montagnards, originaire de l'Ariège. Sorti du peuple, et pas pressé d'y retourner. Sa première promotion sociale, il l'avait eue en devenant instituteur. Après avoir exercé deux ans dans un village proche de Lavelanet, il était retourné à l'École normale pour y enseigner l'art de la pédagogie. Ceux qui avaient assisté à ses cours pouvaient témoigner qu'il y régnait un tel chahut que le pédagogue avait pris l'habitude de s'adresser à sa classe en lui tournant le dos. Puis il s'avisa qu'il était moins risqué de dispenser sa science à un seul disciple à la fois, et il devint inspecteur primaire. L'accent rocailleux de son Ariège natale, les « r » qui roulaient sur sa langue avec le grondement d'un troupeau rentrant au bercail, donnaient de lui un aspect débonnaire. Mais ce n'était qu'une apparence. Entiché d'innovation pédagogique, il ne détestait pas terroriser les institutrices débutantes. Si, comme Perrette, elles se présentaient légères et court vêtues, il pouvait se montrer galant homme, à sa manière, parfois même empressé. On le disait également poète, à ses heures. Certains assuraient qu'il publiait ses vers dans une revue néo-surréaliste du Bas-Quercy.

Le fait de taquiner la muse ne l'empêchait pas de vouer une haine féroce au manuel d'orthographe qui avait assuré la fortune des époux Bled et les beaux jours des écoles primaires d'antan. Lorsqu'il en découvrait un exemplaire au cours d'une inspection, il entrait dans une fureur de chien de garde, déchirait le livre et le jetait avec rage par la fenêtre.

Il haïssait aussi les dictées, vestiges des mœurs rétrogrades où l'on s'obstinait à enseigner l'orthographe aux élèves. Plus de Bled ! Plus de dictées ! D'ailleurs, à l'instar de tous les adeptes de la pédagogie de laboratoire, il vitupérait contre l'inefficacité de cet exercice rétrograde, se faisait lyrique dans ses démonstrations :

« La dictée est l'ennemie de l'élève en difficulté. Non seulement elle l'humilie en lui montlant sa faiblesse, mais elle ne le collige pas ! Si vous avez une blessule à un doigt, ce n'est pas en appuyant sul la plaie que vous la guélilez ! »

Peut-être, mon bon, que la dictée ne sert à rien. Quoiqueu !... À mon premier footing, je courais péniblement un quart d'heure. Au bout d'une semaine je tenais une demi-heure, puis chaque jour un peu plus. Ça s'appelle l'entraînement, et en sport, on n'a pas encore trouvé mieux pour progresser.

Mais enfin, admettons que la dictée ne serve à rien. Alors, c'est comme pour les confitures dont tout nous prouve qu'il n'est pas rentable de les mitonner chez soi. Quand on additionne le prix du sucre, du gaz, des fruits à acheter, le temps qu'on y passe et la vitesse du vent dans les barreaux de chaise, on se rend compte qu'il vaut mieux s'approvisionner au rayon confiserie de la supérette locale. À l'économiste qui lui en avait administré la preuve irréfutable, Georges Duhamel avait répondu :

« Eh bien moi, monsieur, je continuerai à faire les confitures chez moi. Pour l'odeur ! »

Comme l'illustre romancier, je ne renoncerai pas à mes confitures, et jamais, non plus, je n'ai renoncé à la dictée. À cause de l'odeur et de la saveur des textes que je choisis. Amoureusement. Je ne dicte que les textes que j'aime. Ceux dont les mots chantent, roucoulent, gazouillent.

> *« J'aimais tant l'aube déjà, que ma mère me l'offrait en récompense. À trois heures et demie, tout dormait dans un bleu originel, humide et confus. C'est à cette heure que je prenais conscience de mon prix, d'un état de grâce indicible, de ma connivence avec le premier souffle accouru. »*

Quoi qu'en pensent les Brigaud, les bigots, les cagots de la pédagogie insipide, la dictée est peut-être le dernier exercice qui donne aux élèves le goût du travail bien fait. Depuis les lois Jules Ferry, cent trente ans d'école laïque, gratuite et obligatoire, la dictée a fini par entrer dans nos gènes et nos chromosomes. Son impact subsiste encore chez les OGM que sont nos élèves d'aujourd'hui. Malgré la télé, l'ordinateur, la console, les jeux vidéo, elle a gardé quelque chose de magique. Quand on prononce le mot, les murmures cessent, les toux s'apaisent, les éternuements s'espacent.

« Et maintenant, dictée ! Prenez une feuille simple, n'oubliez pas de laisser une marge de trois carreaux ! »

C'est comme si le Saint-Sacrement descendait dans la classe. Les collégiens, dont rien d'ordinaire ne parvient à mobiliser l'attention plus de trente secondes, se figent, se suspendent à vos lèvres, vous demandent de bien vouloir préciser la place d'une virgule, ou de répéter une syllabe qu'ils ont mal entendue. Pour un quart d'heure, l'école redevient ce qu'elle n'aurait jamais dû cesser d'être : un sanctuaire où le maître est le porteur de la bonne parole, l'officiant que l'on respecte, celui dont il est impérieux de retenir, coûte que coûte, le message.

Mais je suis tout à fait prêt à admettre que ce type de raisonnement est petit et mesquin.

En 1993, Brigaud quitta le département. Pour une promotion, cela va de soi. Avant de perdre les élections, le camp au pouvoir prit soin de gâter ses amis : le guichetier de la poste devint receveur, le délégué syndical fut nommé chef de cabinet à la préfecture, le maître d'école fut hissé au rang d'inspecteur. Il s'en manqua de peu, alors, que Brigaud n'accède au poste d'inspecteur d'Académie.

Sa nomination circulait déjà dans les couloirs du ministère, lorsqu'on s'avisa de l'indigence de ses titres universitaires. Il dut se contenter d'un poste d'Inspecteur Pédagogique régional à Clermont-Ferrand. Il y végéta trois années, avant d'être nommé à Toulouse, visitant les classes du secondaire, sans retrouver toutefois la volupté qui le chatouillait quelques années plus tôt quand il inspectait les petites institutrices débutantes dans les écoles de campagne isolées.

L'invention de la séquence lui redonna le goût du métier. Brigaud devint le taliban, le Caliban, le fer de lance et l'oriflamme de la séquence didactique. Il éprouva pour les réfractaires la même aversion qu'il vouait autrefois aux passéistes qu'il surprenait à utiliser le Bled en cachette. Ah oui, monsieur le proviseur, je le connaissais bien, Brigaud, même si je ne l'avais rencontré qu'une seule fois, au cours d'un stage précisément consacré à l'application de la directive ministérielle. Pas un établissement scolaire des quatre départements de l'Académie qui ne tremblât à l'annonce de sa venue.

J'occupai la majeure partie de mon week-end à lui préparer un cours sur un extrait des *Mémoires d'outre-tombe,* « La Rêverie au Lido », espérant que ce souvenir de mes voyages scolaires me porterait bonheur. Prudent, je l'avais intégré à une « séquence » sur l'autobiographie.

« Je voudlais le cahier de textes », déclara-t-il en préambule, avant d'aller s'asseoir au fond de la classe.

J'aurais dû lui dire que le cahier s'était perdu. Pendant l'heure entière, il éplucha toutes les pages, sans écouter une syllabe de ma leçon. Chateaubriand, la soixantaine bien entamée, séjourne à Venise où il n'avait fait que passer trente ans plus tôt. Ce matin-là, le ciel est gris sur l'Adriatique, l'écrivain ne retrouve pas les impressions enchanteresses d'autrefois. Il a vieilli, et le paysage semble avoir vieilli avec lui : le rivage est désert, et il contemple, seul, « les festons blancs » de la « rive abandonnée ». Plus encore, symbole du déclin de sa propre existence, « un grand vaisseau disparaissait à l'horizon ».

Malgré leur jeunesse, les élèves étaient émus par la mélancolie du poète, dont la vie, pareille au vaisseau, s'apprêtait à disparaître. Les jours précédents, ils avaient suivi les péripéties de l'Enchanteur à Athènes, à Prague, au milieu des ruines du Colisée où Pauline de Beaumont avait agonisé dans ses bras.

Le premier paragraphe s'achevait par un regard sur « l'immensité pélagienne ». Plusieurs levèrent le doigt pour donner le sens du mot rare. Tous devinèrent que, malgré sa déception, l'auteur trouvait, dans sa mélancolie, une sorte de jouissance. Ils relevèrent les expressions valorisantes : « les mouettes marquetaient la plage », « le sable était guirlandé de fucus ». Je fus épaté par leur perspicacité dans la dernière phrase du texte. À la façon des adolescents amoureux, Chateaubriand a tracé un nom sur le sable mouillé de la plage. Les vagues, au seizième déroulement, l'ont effacé, « lettre à lettre, et comme à regret » :

« C'est le nom de Mme Récamier, m'sieu, s'exclama Clément, le fils du gendarme. Ju-li-ette Ré-ca-mier : seize lettres. »

Je le félicitai. Quelque fierté venait de me chatouiller. Je risquai un regard vers Brigaud : de toute évidence, il n'avait rien entendu.

Alors, de l'autre côté de la classe, Blandine, qui, depuis quelques secondes, comptait sur ses doigts, leva la main :

« M'sieu, vous avez remarqué ? C'est drôlement prémonitoire, cette phrase. Nous sommes en 1832 : il reste à Chateaubriand et à Mme Récamier seize ans à vivre ! »

Ce n'était peut-être pas ce qu'on entend en haut lieu par une « analyse littéraire », mais je sais que c'est en remarquant ce type de détail qu'on commence à aimer la littérature.

Pas une seule fois Brigaud ne leva la tête. Il était totalement absorbé par l'exégèse sourcilleuse du cahier de textes. C'était ça qui l'intéressait. Chateaubriand, Venise, mon cours, les réactions enthousiastes de mes élèves, il s'en préoccupait autant que des brebis de son Ariège natale.

Je le sentais embêté pourtant, le Brigaud. Il avait beau traquer mes séquences comme un inquisiteur à la recherche du péché, il n'arrivait pas à trouver la faille. Il soupçonnait bien que quelque part, je l'avais embobiné. Dans ma carrière, je m'étais fait la main sur tous les dossiers en béton que j'avais concocté pour mes voyages scolaires, trouvant toujours l'astuce de maquiller mes envies de balades en préoccupations pédagogiques. Avec toutes les vessies que j'avais fait passer pour des lanternes, on aurait pu éclairer le lycée de Vignerols jusqu'à la fin du troisième millénaire. J'avais appliqué la même méthode pour les nouvelles directives. Il voulait des séquences ? Je lui en donnai, autant qu'il en souhaitait, soigneusement datées, numérotées, estampillées. Irréprochable, mon cahier de textes.

« Je dois reconnaîtle, admit-il au moment de l'entretien, que vous maîtlisez bien le système des séquences. »

Ouf ! Je l'avais eu, le bonhomme ! In the baba, Brigaud !

Cependant, un inspecteur ne vient pas uniquement pour vous tresser des lauriers. Je sentis, à sa façon de gratter la couperose de ses narines, qu'il mijotait des réserves.

« Ce qui me chagline, se décida-t-il après un moment d'intense méditation, ce sont les textes que vous faites étudier à vos élèves. Montesquieu, Voltaile, Chateaubliand, vous les ennuyez avec ça ! Soyez modelne, que diable ! »

Allons bon, encore un qui préférait les textes-*documents* aux textes-*monuments* ! Ce qu'il voulait, Brigaud, c'étaient des articles de journaux, de la poésie contemporaine !

Et là, franchement, je m'en voulus. Côté séquence, j'étais effectivement paré. Mais tout à mon obsession de verrouiller les parties vulnérables de mon édifice pédagogique, j'en oubliai la rumeur concernant les démangeaisons créatrices de l'inspecteur. Prévenu de son arrivée le jeudi matin, j'avais encore le temps, grâce à un collègue de Toulouse, de me procurer quelques-uns de ses quatrains, et de lui faire la surprise de les étudier devant lui. Je me serais bien débrouillé d'une façon ou d'une autre pour coller ça dans ma séquence sur l'autobiographie. En extase je l'aurais mis, Brigaud, et au fond de ma poche. Dans la précipitation, ce détail ne m'était pas revenu. J'y pensai seulement quand il prononça le mot « con-tem-po-laine », les syllabes bien détachées, en tapotant de l'index sur la table.

Son rapport, qui me parvint six semaines plus tard, fut mitigé : mi-chou (du Gers), mi-chèvre (ariégeoise). Il reprenait, en gros, ce qu'il m'avait dit lors de l'entretien, et le bilan de ses conclusions était, malgré tout, « globalement positif », comme disait l'autre.

Il avait en revanche éreinté mes trois collègues. J'en fus sincèrement navré pour Angéline et Françoise, qui, de Rome à Palerme et de Berlin à Venise, avaient été mes complices quelques années plus tôt. Mais pour cette bigote de Bénédicte, qui m'avait tiré dans les pattes en témoignant contre moi, je trouvai que c'était du pain bénit.

Seul rescapé de cette Saint-Barthélemy, presque indemne, je fus félicité par le proviseur. Ce baume arrivait à point : j'appris le même jour que Gisèle avait passé avec succès le concours de procureur de la République. Elle venait d'être nommée à Amiens. Voilà qui n'allait pas arranger mon affaire de prestation compensatoire. Je voyais mal un juge s'opposer à la vindicte d'un procureur : les loups ne se mangent pas entre eux.

XII

Mesdames et Messieurs les pédagogues, bonsoir !

Jusqu'à la fin de l'année scolaire, je fus particulièrement occupé par l'aménagement d'un hall de vente à l'entrée de notre chai. L'arrivage du raisin, pendant les vendanges, s'effectuait par l'arrière du bâtiment où une large porte cochère permettait autrefois l'accès des charrettes. Elle s'était trouvée suffisamment large pour les remorques des tracteurs sans qu'il soit nécessaire de casser les belles pierres de son encadrement.

Nous avions longtemps délibéré, mon père et moi, de l'emplacement possible de ce hall. La solution qui nous parut la meilleure fut de l'installer contre le mur du chai, dans l'ancienne étable qui servait de remise depuis qu'il n'y avait plus de bœufs à la ferme. Cette situation présentait un double avantage : d'abord la pièce était vaste, et elle avait conservé ses mangeoires en orme particulièrement décoratives. Le plafond était quadrillé d'un beau solivage de châtaignier que d'annuels blanchissages à la chaux vive avaient préservé de l'attaque des charançons. L'autre avantage, c'est qu'il suffisait de percer le mur du fond pour entrer directement dans le chai. Au retour de mon voyage scolaire à Florence, nous avions fait une halte à Châteauneuf-du-Pape, et, pendant que les élèves visitaient l'ancienne résidence papale sous la surveillance de mes collègues, j'en avais profité pour me rendre dans une exploitation viticole qui vendait son vin aux particuliers. Le hall de vente communiquait avec les chais, et le propriétaire, après la dégustation, faisait visiter la galerie des foudres, le pressoir, et tous les outils du grand œuvre. C'était un atout commercial incontestable.

Or ici, à Quinarit, nous pouvions réaliser un ensemble identique. Malgré l'achat de cuves en inox, mon père avait conservé les anciens foudres de chêne aux bedaines de monstres antédiluviens. Nous étions équipés d'un pressoir hydraulique à cylindre horizontal, mais l'antique pressoir manuel tenait toujours sa place dans le long bâtiment construit par mon arrière-grand-père Hémon. On racontait que les voisins, un peu jaloux de cette ampleur, en avaient ricané, cent ans plus tôt :

« C'est pas un chai qu'il a bâti, le Hémon ! C'est la nouvelle église de Vignerols ! »

Peut-être n'avaient-ils pas tort. Pour l'époque, Hémon avait vu grand, mais ces dimensions généreuses nous permirent, un siècle plus tard, d'acquérir les nouveaux équipements sans nous débarrasser des anciens. Les touristes de passage apprécieraient la visite de notre chai, et seraient d'autant mieux disposés à acheter les bouteilles de notre Quinarit. Par ailleurs, cette pièce était suffisamment confortable pour accueillir les clients qui, de plus en plus, affluaient du commencement de juin jusqu'à la fin de l'automne. À partir de la mi-février, on recommençait à voir du monde.

Le hall fut fin prêt pour la saison estivale qui restait, tout de même, la plus fréquentée. Je jugeai pertinent d'embaucher Cécile : désormais titulaire d'un BTS commercial, elle me parut présenter toutes les conditions requises pour accueillir la clientèle aux côtés de ma mère dont les improvisations historiques n'avaient cessé de s'accroître.

Le jugement de divorce fut prononcé à la fin juillet. Je fus naturellement condamné à mes torts exclusifs. La prestation compensatoire atteignit, à quelques centimes près, ce que Gisèle exigeait, c'est-à-dire la moitié de notre vignoble et de la maison que j'occupais.

Bien entendu, avec mon métier de professeur, mon gagne-pain était assuré, et je n'avais pas besoin de ces terres pour vivre. Pourtant, au moment où nous venions de terminer l'aménagement du hall de vente, la nécessité de nous séparer de quatre hectares de vigne était tout de même contrariante. Ce qui subsisterait du vignoble était trop exigu pour que l'exploitation demeure rentable. Il paraissait inéluctable de licencier Karim.

Mon père, qui allait sur ses soixante-dix-sept ans, se montrait particulièrement affligé. Ma mère ne disait rien, mais je sentais qu'elle se passerait difficilement de cette occupation qui avait ensoleillé le crépuscule de son existence. Il fallait bien admettre, pourtant, que cette prestation compensatoire assènerait le coup de grâce à notre Quinarit. Je ne pouvais m'empêcher de songer que tout ceci arrivait par ma faute. Je pensai au fils prodigue de l'Évangile qui avait dilapidé son héritage. Pendant trois semaines, je m'abstins de manger du veau.

Après quelques jours de doute, mon père refusa de se résigner. Même si les économies de toute son existence avaient été sérieusement entamées par l'aménagement du hall, il se rendit à la banque et fit le calcul de ce qui restait sur ses comptes. En négociant le prix des terres avec Gisèle, les sommes dont il disposait encore pouvaient être suffisantes.

Mais la toute fraîche émoulue procureur (procureuse ? procuratrice ? procurateuse ?) fut inflexible : certes, elle consentait à me laisser les terres, et la maison de La Baquère, mais refusait de céder un centime sur le capital qu'elles représentaient.

Face au désarroi de mes parents, je consentis à mon tour à vider mes poches, je contractai un emprunt pour la maison, et l'affaire fut conclue. Je me retrouvai nu comme un Jésus dans sa crèche, mais je me consolai en songeant qu'auprès de Cécile, la nudité n'était pas un inconvénient majeur.

*

La rentrée des classes fut maussade. Depuis mon enfance, je n'en avais jamais effectué dans l'allégresse, mais cette année-là, une étrange sensation de lourdeur se mit à peser en moi. Je sentais quelque chose de cassé à l'intérieur de ma mécanique. Mon père avait subitement vieilli à la suite de ces semaines d'angoisse où il s'était demandé si son bien, stupidement, n'allait pas être démantelé.

L'inspection de Brigaud, bien qu'elle eût tourné à mon avantage, m'avait déstabilisé. Ces histoires de séquences, avec lesquelles j'étais parvenu à ruser, me montraient que le métier de professeur de lettres ne correspondait plus à l'idée que je m'en étais fait pendant près de trente ans. J'étais comme un charron qui a appris à fabriquer des roues de charrettes, et qui s'aperçoit que l'ère est aux pneus de caoutchouc et aux jantes métalliques.

« Comment appelle-t-on les gens qui tressent les corbeilles en osier ? » demandait jadis mon instituteur. Moins encore que l'enfant que j'étais autrefois, ceux d'aujourd'hui ne sauraient répondre à la question, car on ne se sert plus de corbeilles en osier, et nul n'a plus besoin de ce qui était la spécialité des gitans. Les pédagogues qui font la pluie et le mauvais temps dans les écoles d'aujourd'hui n'ont plus besoin de mon savoir-faire, de mes dictées, de mon amour du travail fignolé, de ma passion pour la littérature.

C'est juste après la Toussaint que j'ai pris ma décision : cette année serait ma dernière année scolaire. Le vignoble, je le prendrai en main, avec Cécile. Je resterai auprès de mon père et de ma mère jusqu'à ce que leur « vaisseau disparaisse à l'horizon », et, tant que mes forces me le permettront, je continuerai à m'occuper de ces terres venues de nos ancêtres. Nous garderons donc Karim, et Leïla. Tous deux ont le même âge que Cécile. Notre propriété du Quinarit aura de beaux jours devant elle.

J'ai aussitôt prévenu le proviseur, afin que le rectorat soit informé au plus vite et nomme un remplaçant sur mon poste à partir de septembre.

En janvier, Françoise a pris sa retraite. Un jeune maître auxiliaire a été chargé de ses classes jusqu'à la fin de l'année. Ce qui nous a valu une nouvelle visite de Brigaud, venu porter la bonne parole au débutant.

Je l'ai croisé dans la cour. Il avait été informé de mon départ prochain.

« Eh bien, me lança-t-il, vous nous quittez poul monter sul votle tlacteul ? »

Monter sur mon tracteur... L'expression était réductrice. Peut-être s'agissait-il d'une métaphore, d'une métonymie, voire d'une allégorie ? Était-ce la version contemporaine de « retourner à sa charrue », comme Cincinnatus ? Mais le ton était davantage celui de l'ironie persifleuse que celui de l'humour. Toujours plein d'esprit, Brigaud. Ah, ce n'est pas lui qui serait retourné à sa bergerie !

S'il y a quelque chose que je ne regretterai pas en m'en allant, c'est bien les types dans son genre, et toute leur clique, et leurs séquences, et les parcours de ceci, et les itinéraires de cela et tout ce qui ne manquera pas d'arriver encore parce qu'il n'y a aucune raison que ça s'arrête. Et qu'on trouvera toujours de bonnes explications à ce qu'ils appellent « l'échec scolaire », qui n'est pas un échec des élèves mais l'échec de ceux qui se refusent à admettre que tout le monde n'est pas fait pour manger le même potage. Cet été, aucune entreprise n'est venue refaire le toit de la cantine : plus assez d'artisans. Ceux qui restent, les survivants, n'ont plus envie de passer leurs étés sur les toits, et en prime de payer des pénalités s'ils sont en retard. À l'abri de la concurrence, ils viennent quand ils le peuvent. Merci Marie-Christine ! Combien de fois t'ai-je entendue, à un conseil de classe, dire d'un élève qu'il aurait fallu réorienter :

« Accordons-lui de passer dans la classe supérieure : laissons-lui une chance ! »

Une chance ? Quelle chance ? La chance qu'il avait de s'en sortir en choisissant un métier manuel, tu la lui as gâchée, et souvent pour toujours. Tu en as fait un déclassé, un traîne-savates, un qui s'amuse à rayer les bagnoles dans les rues, parce qu'il ne sait pas quoi faire de ses journées. Et le toit de la cantine attend encore qu'on vienne le recouvrir. Demain, on attendra les plombiers, les électriciens, et il n'y aura plus personne pour réparer les chasses d'eau qui fuient, les vasistas qui se déglinguent. C'est dommage, finalement, que je ne t'aie pas emmenée au voyage scolaire à Berlin : tu aurais eu un avant-goût de ce qui nous attend, grâce à toi et à tous ceux qui te ressemblent.

Les élèves, eux, je les regretterai. Même s'ils sont devenus une espèce différente de la mienne, des mutants, des OGM Tout ce qui est arrivé, ce n'est pas de leur faute.

Grâce à eux, j'ai passé trente ans de ma vie devant des êtres frais et beaux, en tout cas arborant toujours cette beauté sans pareille qui est le propre de la jeunesse. Ils ont été souvent indisciplinés, mais finalement pas tellement plus que n'importe quel club de troisième âge. Et s'ils l'ont été parfois un peu plus que de juste, c'est à nous qu'il faut s'en prendre, et à tous ceux qui nous ont interdit de donner des coups de pied au derrière quand il était encore temps.

Presque chaque jour, j'ai pu m'offrir le luxe suprême de choisir d'étudier en classe les textes que j'aimais. J'étais venu au métier par goût de la métaphore. Le mot lui-même m'a toujours séduit : il résonnait en moi comme un nom d'insecte, une de ces multiples sauterelles que l'on trouve dans les prairies juste fauchées. Métaphore... J'aurais bien nommé ainsi celles qui, banalement grises au repos, révèlent en se déployant, une cape violette sous leurs ailes. Le mot sonnait aussi comme phosphore, et en prenait les fluorescences. Ou comme Bosphore, ou amphore, et les murs de la classe se couvraient des couleurs de la Méditerranée, de l'Orient, des déserts lointains.

Tout cela, je le dois à mes élèves.

En voyage avec eux, à Rome, à Athènes, à Florence, à Palerme, à Berlin, j'ai connu les semaines peut-être les plus merveilleuses de mon existence. Bien sûr, ils jouaient à la belote pendant que nous passions au bas des temples d'Agrigente ; le Parthénon leur a paru bien délabré ; à Florence ils ont préféré au Musée étrusque les boutiques de bibelots à quatre sous. Mais j'ai la certitude qu'ils ont gardé en eux quelque chose qui ressemble à ces images subliminales dont on parle à la télé. Quelque chose qui n'est pas perdu. Une graine que j'ai enfouie et qui naîtra un jour, dans vingt ans, dans trente ans, au moment où ils s'y attendront le moins.

Et cela, ils me le devront.

*

Aussi, lorsque le nouveau ministre a annoncé son intention de lutter contre l'illettrisme et laissé entendre que les élucubrations pédagogiques des trente glorieuses d'après 68 n'étaient pas totalement étrangères au délabrement général de la boutique, j'ai été tenté, malgré tout, de reprendre le collier. À l'époque où mes grands-parents cultivaient la vigne avec des bœufs, il suffisait d'une brassée de foin bien odorante, d'une affectueuse bourrade, de quelques gorgées d'eau lapées dans l'abreuvoir, et l'animal fatigué retrouvait son élan.

Mais alors, c'est là que Marie-Christine a repris aussi du poil de la bête. Ses ardeurs soixante-huitardes, depuis longtemps assoupies sous l'édredon des réalités quotidiennes, émoussées par l'épreuve de ses quatre divorces, se sont subitement réveillées. Brandissant des banderoles, bardée de slogans tagués sur le tee-shirt, elle est allée expliquer au dernier maçon et au dernier plombier de Vignerols qu'il n'était pas question pour elle de prendre sa retraite en même temps qu'eux.

La retraite ! Si pendant trente ans tous les pédagogues de laboratoire, tous les Boidalbert, toutes les Gilberte et les Marie-Christine de l'Éducation nationale n'avaient pas largement contribué à faire de tant d'élèves ce qu'ils sont devenus, on ne la réclamerait peut-être pas avec autant d'âpreté, la retraite. Il y a certaines de mes classes où c'est tellement bon de faire cours que j'irais gratis, simplement pour le plaisir. D'autres, au contraire, il me faut des coups d'aiguillons dans le râble pour que je franchisse la porte de la classe et que je m'enferme avec eux.

Donc, Marie-Christine, c'est vrai qu'avec tout ça, tu as repris du tonus. Et puis tu as entraîné avec toi les petits jeunes, les derniers-nés de la profession, les tout juste sortis de l'IUFM. Tiens, ça m'a rappelé Daudet :

> *«Les mules à pompons rouges portant dans des paniers les agnelets d'un jour qu'elles bercent en marchant...»*

Ah, il fallait voir leur détresse, à ces nourrissons !

« Comment ? Le ministre veut qu'on fasse de la grammaire, des dictées ? Quelle horreur ! Mais on ne nous a pas appris ça, à l'IUFM! »

Je le leur concède volontiers, on ne le leur a pas appris. À l'IUFM, on n'apprend pas à faire simple.

Au ministère, ils ont mis trois décennies avant d'admettre qu'on allait dans l'iceberg. C'est déjà quelque chose, mais avant que la vapeur soit inversée, il faudra encore, si tout va bien, trente ans supplémentaires. Le *Titanic* n'a pas fini de prendre l'eau.

Non, décidément, tout ceci n'est plus mon affaire. Mesdames et messieurs les pédagogues, bonsoir !

*

Ce matin de la fin août, j'ai parcouru les vignes. Longuement, j'ai observé les raisins. Les grains deviennent transparents, approchent de leur terme. J'avais peur que les derniers orages n'aient semé de la maladie sur les grappes. Mais la peau est lisse, et rien n'altère cette buée indéfinissable qui garantit la bonne santé de la pulpe. Le soleil va continuer de les charger de sucre pendant quatre ou cinq semaines encore. Si rien n'arrive, je suis persuadé que le Quinarit de cette année sera l'un de nos meilleurs millésimes. Je me demande s'il ne faudrait pas songer à faire du vin pétillant, comme le vouvray ou le gaillac. Au moins quelques hectolitres afin de diversifier notre production. Du temps de mon arrière-grand-père Hémon, tous les paysans de Vignerols élaboraient un crémant qui se conservait jusqu'à la Noël. Je suis sûr qu'avec les conseils d'un œnologue, on pourrait lui garder ses bulles toute l'année.

Sur l'une des extrémités de notre petit vignoble, mon père a tenu à conserver deux brugnoniers. Des espèces d'autrefois, demi-sauvages, à la récolte tardive. Cela fait des années qu'on ne les taille pas et que Karim oublie de les sulfater. Ils étaient couverts d'une multitude de boules rouge-grenat, légèrement fripées, et pas plus grosses qu'une prune. Je viens de les goûter : encore fraîches de la nuit, elles étaient gonflées d'un miel qui caressa mes lèvres.

Au retour, dans l'allée qui conduit à ma maison de La Baquère, je viens de rencontrer le facteur. Plutôt que d'aller jusqu'à la boîte aux lettres, il m'a remis le courrier. Entre le journal et quelques prospectus, il y a une lettre du laboratoire. Les analyses sont formelles : Cécile attend un enfant. Elle s'en doutait un peu après sa dernière visite chez le médecin. Fin avril au plus tard, Vignerols devrait compter un habitant de plus.

Dans un mois, j'aurai cinquante ans. La semaine prochaine, pour la première fois depuis que ma mère, un lundi d'octobre, m'a conduit à l'école primaire, je ne ferai pas la rentrée des classes. La vie commence.

Table

Cet ouvrage a été composé
par les Ateliers Graphiques de l'Ardoisière.
Il a été achevé d'imprimer
sur Roto-Page
par l'Imprimerie Floch à Mayenne
le 1er mars 2004

N° d'éd. : 164 - N° d'imp. : 59540
Dépôt légal : mars 2004

Imprimé en France